为什么总有
女生莫名其妙
针对你？

[日] 黑川伊保子 编著

马文赫 译

贵州出版集团
贵州人民出版社

版权贸易合同审核登记图字：22-2024-111

图书在版编目（CIP）数据

为什么总有女生莫名其妙针对你？／（日）黑川伊保子著；马文赫译. -- 贵阳：贵州人民出版社，2024.10. -- ISBN 978-7-221-18528-0

Ⅰ. C912.11-49

中国国家版本馆CIP数据核字第2024MV8977号

JOJO MONDAI NO TORISETSU written and edited by Ihoko Kurokawa
Copyright © Ihoko Kurokawa, 2022
All rights reserved.
Original Japanese edition published in 2022 by SB Creative Corp.
This Simplified Chinese edition is published by arrangement with SB Creative Corp., Tokyo in care of Tuttle-Mori Agency, Inc., Tokyo through Inbooker Cultural Development (Beijing) Co., Ltd., Beijing.

WEISHENME ZONGYOUNÜSHENG MOMINGQIMIAO ZHENDUINI？

为什么总有女生莫名其妙针对你？

[日]黑川伊保子 编著　马文赫 译

出 版 人	朱文迅
策划编辑	陈继光
责任编辑	张 芊
装帧设计	璞茜设计
责任印制	赵 明　赵 聪

出版发行	贵州出版集团　贵州人民出版社
地　　址	贵阳市观山湖区会展东路SOHO办公区A座
印　　刷	天津中印联印务有限公司
版　　次	2024年10月第1版
印　　次	2024年10月第1次印刷
开　　本	787毫米×1092毫米　1/32
印　　张	5.75
字　　数	78千字
书　　号	ISBN 978-7-221-18528-0
定　　价	48.00元

如发现图书印装质量问题，请与印刷厂联系调换；版权所有，翻版必究；未经许可，不得转载。

前　言
女人的友谊阴云密布

我作为一名人工智能（AI）工程师，为了教会AI"人类到底是什么样"，正在对人的大脑进行研究。

为此，我将人类的大脑视作电气回路装置，将人际关系视作这种装置的协作系统，以此来进行解析。

用系统理论来解析人类非常有趣。这让我发现对人类来说可能是消极的事情，其实也是提高生存可能性的重要秘诀。

比如，母性。

母性并非一般人想象的那种只有"温柔、温暖"的东西。母性有着与生存息息相关的坚韧的感觉，生来（无论是否拥有子女）就存在于女性的大脑中。

人类的幼儿期很长，从出生到学会走路大概需要1年时间。哺乳期也很长，有时甚至长达2～3年。因此，人类的母亲如果不把人生的资源（时间、精力、情绪、食物、金钱等）在一定时期内全部奉献给孩子，就无法顺利完成育儿的任务。

因此，新婚时期提供给丈夫的人生资源，在产后会一口气全部转移给孩子。以前明明是"亲爱的，帮我拿下那个""这个吗？""嗯，谢谢（亲）"这样的相处模式，生了孩子就变成了"那个！""啊？哪个哪个？""哈？（为什么听不懂啊！好烦）"这样了。生产后提供给丈夫的人生资源（时间、话语）只达到最低的限度。

男人们总是感叹"生完孩子以后妻子一下就变了个人"，从系统理论来看，这是理所当然的事。这是为了完成"育儿"这项任务，大脑发生的重要机能变化之一。

从心理学上讲，"烦躁的妻子"的表现一般被称为

"产后抑郁"或"癔症",她们会被建议该进行愤怒管理了。不管怎样,这似乎总会被视为"不该有的样子"。

然而,根据我的研究,产后妻子的这种"性情大变"的表现,就是本来该有的样子。这正是优秀的"女性脑"的"母性转变"。

如果丈夫想要妻子的人生资源,平时积极提供育儿的必要资源(主要是语言)就好了。妻子有了余力,对丈夫的感情(大概)也会自然复苏。

关于这方面的技巧,可以去看我"说明书"系列的第一本书《妻子的使用说明书》。

那么,以这种大胆的观点,试着对"女性脑"和"女人的友情"进行"系统解析",就是这本书的主题。

男人的友情和女人的友情不同。

归根结底,是因为男女大脑存在的意义本就不同。

男性脑有"为了同伴牺牲自己的觉悟"。这是以群体进行狩猎的雄性动物的生存法则。而女性的大脑则会有"如果不被周围的人重视，就会有生命危险"的危机感。这是群居育儿的雌性动物的本能。

一个是为了他人而活的性别，一个是为了自己（以及为了自己孕育和喂养的孩子）而活的性别。

毋庸置疑，前者的友谊是轻松愉快的，而后者的友谊则是阴云密布的。

这就是为什么世间传颂男性友情的美好，却说女性的友情根本不成立。

但是，我们清楚知道女性的友情确实存在。

我想许多女性都有依靠女性友情的支撑，从复杂的恋情中脱身的经历。

不过，大多数女性的友情都伴随着些许伤痛。极端点说就是，虽然喜欢对方，但也会感到厌烦。

女性脑有很高的共情欲求。希望自己可以共情他人，也希望他人可以共情自己。和自己相像的朋友相处起来是最舒服的。和这样的朋友可以不停对彼此说着"没错没错,我懂",一起度过愉快的时光。

但是,不管怎么说都是不同的人,肯定会有觉得不对劲的瞬间。会有冒出"哎?她怎么这样啊"这种想法的瞬间。把这种感觉表现出来的话,对方会感到不悦;如果勉强挤出笑容掩饰,又会让自己心烦。

拥有相似境遇的两个人,因"没错没错我懂"而结成同伴,又因为无论如何都无法消除的微不足道的差异而彼此厌烦。你看,女性的友情根本不可能无一丝阴霾吧?

女人也会随着人生经验的积累,逐渐明白友情是感性相似、能力不同的两个人,互相尊重对方的长处而形成的东西。

虽然大致的想法(爱很重要、钱很重要、健康很重要这些大致的想法)是一样的,但彼此具体的意见不同。尊重这种不同,就是友情。

到了我们这个年纪（60岁），只有"没错没错我懂"的女性谈话会让人觉得很无聊，大家会期待谁能说点让人感到惊讶、刺激的话，会拥有即使自己感觉被刺痛，也能享受这种刺痛的坚韧。当然，也有因为被过于刺痛而导致友情决裂的情况。不过，过几个月就忘得差不多了，又会重新一起玩。到了这个年纪，记忆力也没那么好了。

进入这个境界之后，友情就没有男女之分了。和男性也能很好地培养友情。

女性要培养出这样的友情，自我肯定感是不可或缺的。只有能够充分肯定自己的女性，才可能认可他人。

依靠他人评价活着的人，面对其他人时，总会在意对方的评价（他觉得我有多重要呢？），在意周围的反应（我和他，谁更重要呢？）。在这种情绪的影响下，很难建立持久的友情。

所以，女性想拥有这种豁达包容的交友能力，就必须先拥有自我肯定感。

　　这是因为女性间相处问题的根源，其实就是自己或对方的自我肯定感太低。

　　话是这么说，但对正处在生殖期的女性来说，拥有完整的自我肯定感是根本不可能的。低水平的自我肯定感，正是女性生殖本能的一部分。

　　也就是说，其实女性的麻烦并非性别本身造成的，而是由于其生殖本能才使友情阴云密布。对健康的女性脑来说，友情很难，而对生病的女性脑来说就更难了。正是女性的不易造成了她们的困扰！

　　因此，《为什么总有女生莫名其妙针对你？》这本书就登场了。

　　女性间的关系以厌烦为前提。既然如此，那就让我从系统理论的层面去解析我们到底在对什么感到厌烦吧。

只要弄明白自己感到厌烦的原因，可能你就会莫名开始觉得"感到厌烦的自己"显得有点傻。而了解了对方感到厌烦的原因的话，我们也可以学会如何不让对方对自己感到厌烦。

不可思议的是，这样一来，在女性友情顺利培养起来的过程中，自我肯定感也会自然而然地得到提高。之所以会这样，是因为培养自我肯定感的关键就是"客观性"和"克服困难"。

本书如果认真使用，也可以成为提高自我肯定感的书——这就是我创作它的初衷。

这本书是我和我的挚友——作家坂口千津女士一起写成的。已经不再被生殖本能玩弄于股掌之间的我们，得到了我最年轻的好友黑川爱（因为是家人所以不加敬称了）的协助。随后，与我长年合作的编辑小泽由利子女士也加入了我们，最终组成了"女性相处问题团队"。

女人们啊。

不要让自己的人生和友情被生殖本能玩弄于股掌之间，自己去掌握它们吧。

21世纪，女性已不再只为生殖而活。而且，在这个寿命能长达100年的时代，生殖期结束后，我们也许还能再活50年。这人生的后50年，如果没有女性的友情就太寂寞了。

那么，请看看这本书，获得优质、善意的女性友情的方法吧。

目录

CONTENTS

PART 1
女性脑的秘密

什么是女性脑? 3
青春期的风暴 6
为什么女生更渴望合群? 9
为生存而战的女孩们 11
为什么女生要搞小团体? 13
成熟的女性会互相让位 15
为什么女生的自我肯定感普遍很低? 17
"好女人"抹杀了自我肯定感 20
如何获得内心的安稳? 21
不要再做"好女人" 24
医治枯萎的好奇心 26
学会安慰和感谢 28

CONTENTS

PART 2
女生为何针对女生？

女生拿美丽的女生没办法 ↔ 34
美女不是敌人 ↔ 37
美丽为什么会传染？ ↔ 39
被针对的"普通美女" ↔ 41
价值观单一惹的祸 ↔ 42

CONTENTS

PART 3

与女生相处的处方笺

问题1　如何应对"美丽"厌烦症？　48
问题2　如何与思维模式不同的人相处？　72
问题3　如何应对"爱炫耀"的人？　95
问题4　如何应对"事儿妈"厌烦症？　109
问题5　如何与价值观不同的人相处？　119
问题6　如何应对"不靠谱"的人？　133
问题7　如何应对"负能量"传播者？　151

后记　162
作者简介　164

PART 1

女性脑的秘密

女人，会对女人感到厌烦。

任何人都无法阻止。

因为这是基于生存本能的生理反应。生存本能，是头脑里力量最强大的信号，带来无法阻止的感性。

什么是女性脑？

虽然本章会围绕着女性脑的生存和生殖本能展开，但我要先在此声明，我对"女性应该生孩子（或者说生育了才是完整的女人）"这种言论完全不认同。

生殖本能，对所有动物来说，是与生俱来根植在头脑中的。对人类来说，从幼时起，生殖本能就在影响我们每天下意识的言行。这与是否要生育无关。因此，它只是作为一个讨论的话题。

我的研究就是将人类的大脑视作电气回路装置，而人际关系就是这种装置的协作系统。如果把人类比作由大脑组成的网络系统，就会发现一些有趣的事情。例如，比起让所有个体都有子女，部分个体没有子女会让人类这个整体更有活力。

为了养育子女，父母必须在一定时期内将人生资源集中在子女身上。而选择不育儿的个体，就可以把人生资源全部用于建设社会或者个人目标，这样就能支持社会运转，还能赋予经济活力。

仔细想想，蜜蜂和蚂蚁都大胆地采用了这种方式（涉及生殖的只有蜂后/蚁后和部分雄性）。在同样作为社会性动物的人类群体中，"没有子女的个体"的存在也不是没有意义的。

没有育儿并且发育成熟的女性脑，会将那种母性投射向社会。这些女性常常成为弱者的守护者，或是组织的核心人物。所有宗教都要确保有"不生孩子的女性"（如尼姑、巫女、斋王、修女），这绝非偶然。

虽然我自己生育并养育了孩子（而且，那对我来说是充满光辉的体验），但作为职业女性，那些没有孩子的女性朋友不知道给予了我多大的支持。

在这个仍然有很多人认为"女性就要生孩子"的世界，要做一个"过着没有孩子的生活的女人"，需要有一定的觉悟。不管这到底是她们自己的意愿，还是没有办法的结果。

我尊重这种觉悟，也想祝福她们。所以，我不希望我的大脑理论会伤害到做出这样选择的女性。

在本书中，谈及"女性头脑中与生俱来的生殖本能"时，无论如何都要举出育儿的事例，还请大家谅解。

另外，为方便起见，我将拥有与生俱来的母性的大脑直接称为"女性脑"。当然也有与生俱来拥有的并非母性，而是其他本能的女性，女性也有各种各样不同的类型。

不过，那些不拥有所谓"女性脑"的女性，因为不太会被卷入女性常见的问题，所以在这本书中就不提及了。也就是说，这里所说的"女性脑"，是指无论有没有孩子，都拥有与生俱来的母性的大脑。另外，即使身体是男性，也有可能拥有女性脑。

那么，拥有女性脑的各位，请往下看，为什么我们会卷入比男女问题更棘手的女性问题呢？

不是女性脑的各位，为了理解女人们不可思议的压力，也请继续阅读下去吧。

▎青春期的风暴

拥有女性脑的人，在青春期时自我会最大限度地膨胀。

也就是大脑的世界完全被"自己"所占据了。

自己身上发生的事，就是全世界最大的事。只是刘海剪得有点短而已，就是世界末日了。不知怎的就是不想去学校，无论如何都难以抑制自己郁闷的心情。只要是女性，应该都能理解这种心情。毕竟这都是我们曾经的心路历程。

而且，青春期时，拥有女性脑的人猜疑心也会变得很重。会对别人对自己的一些行为产生"这是在攻击我吧？"这样的猜疑，继而马上建立起警戒心。

因为父母和朋友的一句话，自己就会受到刺激而心痛。烦死了，吵死了，真的很烦。

虽然这些问题在过了青春期以后就会有所缓解，但是月经期间，女性或多或少都不免会有"自我膨胀"和"猜疑心"这样的问题。因为这些都是伴随排卵发生的，是大脑重要的防卫本能。

雌性哺乳动物，在周产期（以人类来说就是妊娠22周到产后第7天）会变成世界上最弱的生物。狩猎能力减半，在生产时和刚刚完成生产的时候，雌性哺乳动物面对外敌甚至都无法保护自己。

这样的生物，为了能平安产下后代，会把自己（和孩子）当作全世界自己最关心的对象，对于周围的一切言行都怀疑"是不是在对我进行攻击"，这种敏锐是自然而然产生的。

因为如果把他人的事情放在更优先的位置，那雌性哺乳动物就很可能无法留下后代。如果不对周围的攻击保持敏感，雌性哺乳类动物就可能无法生存。

因此，伴随着有助于排卵的雌激素的分泌，"自我"和"猜疑心"就会席卷女性的大脑。

雌激素还有促进生殖器官成熟的作用，青春期时雌激素的分泌量最大。对青春期的女孩子们来说，应该会感到很混乱。

我回想起了自己的初中时期。

我初潮来得很晚（初中3年级），因此能够相当客观地观察席卷同学们的"雌激素风暴"。有的女生对一点小事就反应很大，一边大哭一边质问"你为什么这么说？"。周围的女学生也会对她的眼泪做出反应，纷纷表示"是啊，是啊""这是干吗啊，怎么回事？什么意思？"在我看来这一切都像谜一样难懂。我觉得自己好像走进了一部其他人都变成了僵尸的电影。

不过，我自己也在此之后加入了她们。不知从什么时候起，我已经自然而然地融入了周围的环境。

为什么女生更渴望合群？

自己就是自己。

如果能这么想，那就太轻松了。当然，要这么想大脑是不会允许的。

因为对以前的人类来说，想要独自一人抚养子女是不可能的。我们是动物界育儿时期最长的物种。人类的婴儿，从出生到学会走路大概需要1年时间。哺乳期也是自然界少有的长，最长能达到2～3年。更不用说人类如果要变得完全独立，最快也需要花费十几年时间。而这已经刻在人类的基因里。

在没有人造营养剂的时代，漫长的哺乳期中，如果母亲身体有点不舒服，几天没奶，孩子的身体就会变得衰弱。因此，以前人类的生殖效率很低，而且人们对此无能为力。生一次孩子就要花费将近1年的时间，而再生孩子甚至需要赌上性命。

因此，人类的育儿活动从几万年前开始就是在女性组成的共同体中进行。以前，女性们互相协助哺乳，通过聊天分享育儿经验，共同提高彼此的孩子生存下来的可能性。

人类女性如果不和其他女性团结互助，就可能无法完成育儿。因此，作为生殖本能的一环，女性会具备"不能一个人待着""希望被人重视，希望感到安心"这些感受。

准确地说，具备这些感受的女性，更有可能平安地把孩子养大。这种自然的"过滤器"在过去的几万年间很好地发挥了作用。于是有了今天的21世纪的女性。因此，几乎所有可生育的女性都怀有"希望和谁在一起""希望那个人把我看得比任何人都重要"这样的愿景，也并不是什么不可思议的事吧？

为生存而战的女孩们

女性们并不是只要组成群体就能提高生存可能性，还必须要在群体中得到重视才行。特别是在自己无法为群体做出贡献的周产期，要想单方面地接受周围人的支援，就必须让自己受人喜爱。

因此，年轻女性非常渴望受人喜爱。

在群体中，如果得到大家的重视，就能得到优待，可以得到比其他人更多的关心，获得更好的资源（食物、环境、信息、情绪、照顾）。这是为生殖而迈出的第一步。之所以这样，是因为我们哺乳动物都是怀孕后哺乳的物种。女性脑清楚地知道，让自己拥有丰富的资源，才是最大限度提高孩子将来生存可能性的唯一诀窍。

因此，年轻女性不管面对谁，都会思考"这个人有多重视我？"如果有第三者介入，就会开始比较"这个人觉得我和那个人谁比较重要呢？"

经常有原本很亲密的初高中女生小团体因为这个而反目成仇。比如，如果三人组合中的其中两个人单独见面，剩下的一个人就会产生被背叛的感觉，即使是因为自己时间不方便才没有三人一起行动。

虽然是关系很好的小团体，但只要有人不在场，剩下的人就会说那个人的坏话，这就是在释放"跟她比起来，你还是应该更喜欢我"这样的信号。出于生存和生殖的本能所做的事来自守护将来出生的孩子的母性，这么一想的话，不觉得其实很可爱吗？

这样一群都觉得"自己最重要"的女性聚在一起，她们之间的关系不可能没有压力。

为什么女生要搞小团体？

"想成为团体中最受重视的人。如果不行，至少要成为最受周围人重视的那个人的跟班"——如果把人类女性的生存本能像这样用语言表达出来，就能发现初高中女生的亲密小团体和"妈妈友"[1]团体的本来面目。因为竞争"谁是第一"很累，所以就定下一个人当第一，其他人都成为这个人的跟班就好了，她们就是这样的团体。

初高中女生正处于雌激素分泌过剩的时期，而妈妈们正处于"大脑的育儿战略"执行期，这些都是女性脑的生殖本能正发挥着最强作用的时期。

即使不像初高中女生或育儿的妈妈们那么严重，只要生为女人，就都或多或少会有"如果自己不被重视，

---

[1] 编注：日本特有的一种由年幼孩子母亲形成的圈子。

就要濒临崩溃"这样的焦躁感,以及"我是不是被攻击了?(你有什么不满意的吗?)"这样的猜疑心。这一点希望大家能明白,这很正常。

自己的这些情绪和其他女性的这些情绪一直在较量中。

很多时候,我们会因为对方的这些情绪太强烈而望而却步,但有时候,我们也会因为自己的这些情绪太强烈而感到痛苦(比如忌妒心)。虽然对方的情绪是个问题,但我们自己的情绪其实也在助长对方的情绪。

要解决女性之间的问题,光是想着"想对这个过分的人做点什么"是不够的。更重要的是如何驯服自己身体里蕴藏着的女性的生存本能。

成熟的女性会互相让位

作为一名大脑研究者,我衷心希望所有女性的大脑都能得到满足,但既然很多女性都出自本能地"明明想合群,但还是想成为第一名",那让所有人都得到满足就是不可能的。因为第一名的席位只有一个,所以这是比抢椅子游戏更残酷的战斗。

所以,成熟的女性才会自我肯定,从而能够"互相让位"。"在这件事上你是第一,不过,如果是那件事,你可要让给我哦",如果这样心平气和地沟通,就能够成为很好的朋友。

"擅长做饭""擅长收拾东西""脚漂亮""胸围丰满""英语好""唱歌好""擅长会计""擅长待客""是专业领域的专家"——像这样将功绩分成很多部分,大家一起分享赞赏即可。所以,成熟女性们都会毫不吝啬地互相夸奖。

反之，为了给对方让位，她们也会把自己的弱点作为礼物，比如跟对方说"真好啊，你能做到××，我就完全不行"之类的话。

这个方法能成功的关键在于，团体里的所有女性都具备一定程度的自我肯定感。因为都认为自己的强项是毋庸置疑的，所以才会心情愉快地把其他"席位"让给别人。

但是对许多女性来说，拥有这种程度的自我肯定感都很困难。

为什么女生的自我肯定感普遍很低？

因自我肯定感低而烦恼的女性出乎意料地多。

原本，女性的大脑普遍就会在有生育可能的时期将自我肯定感设定得很低，同时会非常在意他人的评价，因为她们有需要被群体保护的本能。换句话说，会为了他人的评价而拼命。这里的"拼命"不是比喻，对大脑来说，确确实实就是在拼命。

100多年前，人类的寿命非常短，在生育时期结束后不久就走到了人生终点。因此，没有人在意女性的自我肯定感低。但21世纪的我们，绝经后还能再活50年，仅仅依靠生殖本能，是无法幸福地活到最后的。

在有生育可能的时期，很多女性意识不到她的自我肯定感低下，她们只想被爱。因为想被夸奖是"好孩子"，而按照周围人的期待行动；想被称赞是"好人"，就尽力去照顾周围的人。她们希望自己能成为一个所谓的"好妻子、好母亲、好社会人"。

但是，到了更年期，她们就会突然意识到"我这样不就只是让自己成了一个好使唤的人吗？"

从生殖期毕业后，对大脑来说，拼命让周围人爱自己这件事就失去了意义。一旦一心希望被爱的欲求消失，人们就会发现自己做"好孩子""好人"根本没什么好处，好像光吃亏了。

过了50岁，很多女性会因为没有家人的感谢而心情低落。吃饭时没人说"好吃"，也没人感谢自己把家里整理得这么好。自己刚把客厅收拾干净，就有人乱扔脱下的衣服；用完的调味料从不放回原处；毫不吝惜地使用洗好的毛巾，也从不对此报以感谢；只是偶尔拜托他们把洗好的衣服收起来，对方就会露出厌恶的表情。

我到底是为了什么这么勤勤恳恳地干活呢？

我算什么？

我是为了什么而活?

我存在的价值到底是什么?

没错,为自我肯定感而烦恼的,大多是45岁到50多岁的女性。

"好女人"抹杀了自我肯定感

为自我肯定感烦恼的女性，很多都是走"好孩子""好人""好女人"这条"王道"的人。她们恐怕是因为太想成为"好孩子""好人""好女人"（而且做得太好了），从而迷失了自己。

前几天，我也听到身边一位非常美丽又很有才能的熟人感叹道："我谁也不是。我是某人的太太、某人的妈妈，除此之外就没有自己了。但是，家人对我却毫无感恩之情。得不到任何肯定的我，就是个没有价值的人。"

对于这样的人，即使跟她说"你其实很优秀"也没有意义。虽然她的确很优秀，但这种优秀对她本人的大脑来说只是"为他人准备的工具"而已。

而她的大脑此时真正渴望的是自己寻找到的，为了自己的人生。

如何获得内心的安稳?

在"人生之海"里快要溺水的时候,人就会拼命抓住扔过来的救生圈。这个救生圈有时是恋爱,有时是"独创养生法",有时是宗教。

恋爱。

我认为,女人如果在合适的时机遇到了恋爱,只要全情投入去品味那种滋味就好了。过了60岁才明白,四五十岁时的恋爱,就是人生最后的恋爱了。那些动摇的思绪和激动的心情,绝经后就再也不会出现了。这样会寂寞吗?不不,情绪稳定,可以专注于兴趣、工作和养育孙辈,简直太棒了。只是,曾经在恋爱中摇摆不定的那种心情,有时想起来会令人怀念,感觉大概就像是带去另一个世界的伴手礼吧。

从人生上半场的"战斗"中抽身后(育儿告一段落

之后），如果在合适的时机幸运地遇到了恋爱，享受一下也未尝不可。即使只是拥有那么一段时光，能让我感受到恋爱的快乐，明白自己降生的某种意义。毕竟，已经是人生长达100年的时代了。

但是，即使人生最后的恋爱将我们从自我失落感中拯救了出来，也不能因此掉以轻心。恋爱这种东西，不可能永远持续下去。

为了不失去自我，女性们必须去寻找与生殖没有直接关系（不是爱情也不是亲情）的、让我们喜欢得不得了的、有价值的东西。

人生真正的目的，是遇到让我们喜欢得不得了的事物，或者也可以说是完成只有自己才能完成的使命。而且，大多数情况下，"喜欢得不得了"和"使命"都是联系在一起的。

大脑是由基因和体验共同创造的空前绝后，在宇宙中独一无二的装置。我不认为这种装置是为了体现"社会的一般观点"而诞生的。感受只有自己的大脑才能感受到的东西，品味只有自己的大脑才能品味的人生，这才应该是这种独一无二的装置存在的目的。

因此，不管是否恋爱，是否拥有家庭，如果能在人生的早期就拥有喜欢得不得了的事物、只有自己才能完成的使命，女人的人生就会很安稳。

不要再做"好女人"

对人类而言，克服本能出乎意料的难，哪怕本能不一定一直对我们有利。就算对那些为了自我肯定感而烦恼的人提出建议说"你可以开始试着做一些自己喜欢的事情"，很多人还是花很长时间都找不到自己喜欢的事情。

一直扮演着所谓的"好孩子""好女人""好人"的人，好奇心本身就已经被冻结了。

美丽又聪明的人，一定是从小就备受父母的期待，并且实现了这种期待。她们按照父母的意愿行事，从父母看中的学校毕业，按照父母的期待结婚，然后让他们抱上孙辈。这种势头势不可挡，她们在职场上表现得很优秀，在男性面前扮演善解人意的女人，她们永远都在减肥，并且把自己打扮得光鲜亮丽。

这样不可以吗？如果自觉这些都是演技，只是在限定的期限内这样做倒也罢了。如果是真心为了成为"好孩子""好人""好女人"而努力，对于生殖期的女性的确是有效的手段，但对于"能活100年的人类"而言，这种努力说是愚蠢也不为过。

人如果彻底依赖他人是很危险的，这样眼里只会有那个被依赖的人，而失去看向美好世界的好奇心。

大脑不会浪费一秒钟在没用的事情上，它认为，反正都是依赖他人的评价，即使有自己的感受也是没用的，甚至这些感受还会成为压力的来源。既然如此，就不能把感受到的事情传达给显意识——大脑会做出这样的判断。

医治枯萎的好奇心

有些女性，因为自己的好奇心已经不再工作了，所以只能从周围人的安慰、感谢和赞赏中寻找活着的意义。

如果只能从家人身上寻求这些安慰、感谢、赞赏，对于家庭主妇来说很危险。日本的家庭根本不会去感谢日常生活中的"理所当然"。

不过，职业女性也不一定就可以从职场中获得这些。很多人都会因为觉得"周围的人都没有给予自己应有的认可"而变得唠叨，然后被当成麻烦的人。

大部分50多岁的女人都已经失去为了被周围的人爱而拼命的想法，都会感觉自己吃亏了。要想顺利走出这个阶段，迎接有自我肯定感的60岁，就需要去邂逅爱情和家人以外的喜欢的东西。

但是，已经枯萎的好奇心，到底要怎么办？这（寻找克服50岁危机，迎接光明的60岁的方法）是一个大难题，我在其他书里再单独讲吧，因为这本书的主题是"女性之间的问题"。

不过，在没有获得自我肯定感的情况下就突然进入人生下半场的女性大脑，也构成了女性关系的重要核心，所以我特意在这里提到这个话题。比如让年轻女性们避之不及的"事儿妈"[1]，还有棘手的婆媳问题。

---

[1] 译注：原文"お局様"，指职场中对不喜欢的对象（特别是女性）态度严厉，总想对周围的人进行管束，经常多管闲事的资深女性员工。

学会安慰和感谢

也许可以这样理解：45岁以后的女性，大多长着和自己以前完全不同的大脑。

生活和激素对她们的改变让她们的生殖本能变得淡薄，开始不明白自己当"好人"的意义。正因为如此，如果对周围人付出的努力没有得到相应的安慰和感谢，她们就会感觉丧失了自我价值。这种倾向会在50岁时达到巅峰。

很多50岁以后的女性，把自己的人生意义都压在感谢与安慰上了。

如果觉得和处在这个年龄段的母亲或前辈难以相处，请好好安慰和感谢她们在日常生活中所做的那些"理所当然"的事情。只要这样做，就能与她们和平相处。

日常的安慰和感谢，对于解决女性间的问题不知道有多有效。真的，你们一定要试一试。

而且，当你为了能用语言来表达感谢而观察她们日常生活中做的那些"理所当然"的事情时，就会发现她们能很轻松地完成相当辛苦的事情。

　　女人的人生，有高峰也有低谷。
　　女人的友情，是荆棘也是蜜糖。
　　要在没有说明书的情况下度过"女人的人生"，真的太难了。

　　那么，接下来就来看看处方笺吧。

PART 2

女生为何针对女生?

上一章提到过，女性的大脑因刻在基因里的生殖本能而具有"想结成群体，想比任何人都受到重视"的本能，所以很多人在年轻的时候，不断增长的自我和猜疑心都容易过剩，还会过于在意他人的评价，自我肯定感低，有迷失人生真正目的的倾向。

因此，作为女性活着，还真是很辛苦啊。男性脑也有属于男性脑的诅咒，它们是"被毫不留情地驱使着去狩猎的大脑"。其实这也是很辛苦的（微笑）。

总之，正因为如此，拥有女性脑的人聚在一起的话，会彼此厌烦是理所当然的。在这一章中，我将为大家解释这种厌烦的本质。

女性会在什么时候对女性感到厌烦呢？

经过各种调研发现，女性不管是对比自己优秀的人，还是对不如自己的人，都会感到厌烦。

如果对方与自己相比具有压倒性的优势，这种厌烦就会变成对她们的赞赏和憧憬；但如果对方和自己实力相当，就会让人感觉有点不快。特别是在外貌和沟通能力（包括外语能力）方面，如果双方水平差不多，但对方略高，这种情况就让人无法忍受了。

这种厌烦的真相很简单：因为感到自己在群体中的排位变得岌岌可危。这是一种觉得自己的一席之地可能会受到威胁而引发的焦躁。

女生拿美丽的女生没办法

美丽真的可以当饭吃,连女性拿美丽的女性都没办法。

我在62年的人生中,参与过很多女性的交流活动,不管在哪儿,美丽的女性都拥有绝对的发言权。班上最漂亮的美女发表了意见的话,大家就会按照她的意见去执行。

导致这种结果的理由很简单。我们的大脑原本就更容易认为,作为动物,具有较高能力(生殖能力强,直觉灵活)的个体具有美丽这一特性。美丽这件事,在某种意义上就是能力强的证明。例如,如果有助于排卵的雌性激素分泌顺畅,身材就会变得玲珑有致。

雌性激素是以胆固醇为材料生成的,因此它的分泌需要适量的皮下脂肪。众所周知,如果皮下脂肪减少,月经就可能随之消失,而且没有皮下脂肪,就不能给胎儿提供稳定的营养,也就不能维持妊娠。另外,储存适当的脂肪也是生殖激素的作用之一。但是,如果肚子上有皮下脂肪,宝宝对营养的吸收效率就会变差,所以要将皮下脂肪分开放到肚子上下的两处,也就是胸和屁股。也就是说,胸部、腰部、臀部的曲线,是以妊娠为目标的雌性激素的功劳。

绝经后,女性体内不再分泌雌激素,无论身材是苗条还是肥胖,都不会再有可口可乐经典玻璃瓶那样的曲线。虽然很悲哀,但这就是会发生在全世界所有女性身上的事情。

男性会被身材前凸后翘的女性吸引的理由(认为那样的身材很美的理由),就是因为这样的身材代表这具身体的主人激素分泌旺盛,拥有很强的生殖能力。

如果女性激素分泌正常,就表示大脑的激素中枢司令塔运转良好。这样的话,其他激素的平衡也比较正常，应该也具备好奇心、集中力、直觉等外貌以外的优势。是的，美丽是一个动物优秀的证据。

我们的大脑十分了解这一点。因此，当我们面对美丽的女性时，就会觉得自己不战而败了。

男性会觉得输给了比自己体格健壮的帅哥，雄鸟会觉得自己输给了尾羽比自己漂亮的雄性，都是基于同样的理由。我们的大脑会认为那些免疫力更强、面对环境更具优势的个体的外表更美丽。

美女不是敌人

那么，对于生殖能力强，观察能力也更强的女性，为什么我们女性需要对她们感到恐惧呢？

"毕竟她们很受欢迎嘛，所以就能得到最好的男人，不是吗？"如果你是这么想的，那就错了。

的确，男性在面对美丽又聪明的女性时基本无力抵抗。不过，她们会喜欢上你心目中的好男人的可能性出人意料的小。如果还处在中学生这种年纪，那姑且不论，但从成熟女性的生育层面来说，"好男人"意外地不在选择范围内。

毕竟，最终是否要选择这个人，还是要由遗传基因决定。

动物会被拥有自己没有的免疫类型的异性所吸引，

因为这样可以提高后代生存的可能性。

也就是说，遗传基因不同，发情的对象也不同。我去参加朋友的婚礼时，意外地经常会产生"新郎的确是很优秀的人，但我对这类型的人真是没什么感觉呢"这样的想法（微笑）。

个子很高的女性，意外地对身高没什么讲究。美丽的女性，意外地不会被帅哥吸引。因为她们自己已经拥有美貌了。因此，美女，意外地并不是女性们的敌人。

美丽为什么会传染？

不仅如此，多接近激素平衡的女性，我们自己也会受其影响往好的方向转变。

我想所有女性都有过我们称为"月经传染"的经历。

这可能发生在和母亲或姐妹之间，或者是和关系很好的朋友之间。我大学时住过4人间的女生宿舍，经期会和床铺挨着的朋友同步这件事，已经是女生宿舍里的常识了。

以前，我曾在国外的论文里看到过这样的报告："让一名女性将脱脂棉夹在腋下，之后将这团脱脂棉分给数名女性，请她们将其贴在鼻子下方，经过一段时间，这几名女性的经期都与那位提供脱脂棉的女性同步了。"

腋下是分泌费洛蒙的部位，她们是因为闻到了对方的费洛蒙，所以经期才同步了吧。

费洛蒙是嗅觉会在无意识中感知到的气味物质，随着生殖激素分泌的变化，其量会有所增减。它是用来提示生殖激素分泌状态的气味。

也就是说，我们女性日常经历的"月经传染"的真相，其实是感应到了彼此的费洛蒙，然后大脑让月经周期变得与对方同步了。

为什么要让月经周期同步呢？

恐怕是因为人类是哺乳动物。在远古时代，还没有人工合成营养的时候，没有乳汁就意味着婴儿的死亡。在那样的年代，女性聚集在一起，大家同时生孩子的话应该是更有利的，这样的话大家就可以与彼此分享乳汁。

因此，女性既然会对彼此的费洛蒙有感应，那么身边如果能有一个费洛蒙分泌旺盛的健康美女，她们会知道这对自己是非常有利的。因此雌激素的分泌会提高女性魅力。

所以，其实女性非常喜欢"超级大美女"。

被针对的"普通美女"

尽管如此,我们还是会对似乎触手可及的普通美女感到厌烦,或许是因为比起费洛蒙的恩惠,这样的美女会让我们更担心自己的地位受到威胁吧。

其实,这只不过是女性自己的幻想而已。

我在前面也写到了,不是所有女人都会喜欢同一个男人。男人也一样,不是所有男人都会喜欢同一个女人。

女人们深信,自己周围的男人会用和自己相同的价值观来看待女人,所以似乎触手可及的普通美女就成了自己的竞争对手。

但是,你周围的男人并不一定和你有相同的价值观。

关于这一点,我会在第3章详细说明。

价值观单一惹的祸

麻烦的是，我们深信自己厌烦某个人都是因为那个人不好。

大脑会产生反感的真正理由其实是"自己的优势地位受到威胁"，但显意识会去为它寻找其他理由。于是我们想方设法找出对方的缺点，大脑显意识就误以为我们的确是讨厌那个人的这一点。

我们会对某人反感，是因为大脑产生了"自己的优势地位受到威胁"的想法。如果能承认这一点，我们就拓宽了前进的道路——很简单，只要去思考如何在保持自己优势地位的前提下和对方相处就可以了。

我在第3章将根据"厌烦的类型"的不同，介绍我们对其感到厌恶的真正理由以及应对方法。

在这里我想说的是，如果你坚信价值观只有一个，那么你就会觉得别人都是你的竞争对手。

如果你坚信腰围必须要在60厘米以内，于是费了九牛二虎之力将腰围维持在60厘米，那么你看到腰围58厘米的朋友就会感到厌烦。另外，对腰围70厘米的朋友也会感到厌烦，因为对方对自己拼死努力的大事竟然毫不在意，这让人很生气。

不过，也有觉得女人的腰围就算80厘米也无所谓，但胸围一定要在100厘米以上的男人。比如我儿子。

说到底，原本"腰围必须在60厘米以内"就是自己的臆想，却以此为依据将别人视为假想敌，认为自己不被在意，这难道不是很蠢吗？

如果能拥有多元化的价值观，对周围人的厌烦自然就会消除。围绕着自己的烦躁情绪也能很好地得到缓解。

解决女性间问题的关键，就是价值观的多元化。

PART 3

与女生相处的处方笺

在这一章，我会讲解女性间的相处方法。

这一章可以从两种角度去阅读：

碰到让自己觉得厌烦的女生要如何平心静气地应对；

如何处理自己身上"让人厌烦的地方"，避免被人针对。

女人，有时是厌烦别人的一方，有时是被人厌烦的一方。比如，女性会对比自己优秀的人感到气愤，但是，根据对象的不同，有时又会成为其中更优秀的一方而被人厌烦。

因此，我希望你们能带着"厌烦别人的女人"和"被厌烦的女人"两种视角去阅读这一章。

例如,"问题1"讲的是如何缓解"对美女感到厌烦"的心情,希望你们可以试着站在美女的立场,也试着站在对美女感到厌烦的女性的立场去读这一部分。

不管是站在哪种立场去读,读着读着你就会发现,"厌烦的地方"和"被厌烦的地方"其实只是同一件事的两面。

不管是厌烦别人的人,还是被人厌烦的人,都是基于世间的评价,在为了成为比谁都重要的存在而战斗。

在这一章我将用各种理论告诉大家,请从这种比赛中离开。这种比赛指的就是所谓的争面子。

问题1 如何应对"美丽"厌烦症?

很多女性都喜欢美丽的女性,她们将美丽的女演员和女模特当成女神去崇拜,也沉迷于可爱偶像的魅力。她们会关注这些人的社交媒体账号,并且每天都会去查看。

与之相对的是,她们在面对自己身边那些比自己稍微漂亮一些、可爱一些的女性时,不知道为什么总是感到厌烦或烦躁。

● **美女会给人带来恩惠**

女人喜欢美女,这是有脑科学层面上的理由的,因为美女会给她周围的人带来恩惠。

在我们的大脑里,有一种名为镜像神经元的细胞,它们拥有将他人的表情或行为,像照镜子一样复制到自己的神经系统里的能力。

和表情美丽的人在一起的话，自己的表情也会变得美丽。和举止优雅的人在一起的话，自己的举止也会变得优雅。这是真的。

而且，一旦把表情复制过来，还会诱发与这种表情相关的脑神经信号。

充满好奇心的闪闪发光的眼睛，看起来感觉从来没有过不满的嘴角，表现着积极向上的情绪的颧骨——和拥有这样表情的人在一起，不仅其表情会被复制，大脑里也会跟着产生好奇心、满足感、积极向上的情绪。

无论男性还是女性，凡是成功创造一番事业的人，无一例外，都带着充满好奇心且积极向上的表情。因此，他们周围的人自然而然也变得充满好奇心且积极向上，事业发展越来越好。

也就是说，美丽的人会激发周围人的干劲，不仅能让自己，也能让周围的人变得幸福。

进一步说，就像第2章里讲过的那样，美女还会调整周围女性的月经周期。

女性雌激素能让人拥有前凸后翘的身材（丰满的胸部、臀部和紧致的腰部），以及吹弹可破的水嫩肌肤。说白了，美丽就是激素平衡良好的证据。而且，女性具有会被周围女性的激素周期影响的特质。

所以，美丽的女性朋友非常可贵，因为受她的月经周期影响，周围的女性体内也会调整激素分泌。

美女朋友们对颜值有益，对头脑有益，对身体有益。

反之，如果你周围都是不漂亮的人，很遗憾，你的人生可能会变得越来越贫乏。

因此，比起男性，女性对于女人的美丑更加严格。证据就是，有相当多的女性为参加女子聚会会花费远比约会更多的心思在妆容和穿搭上。

● **明明是美女，却让人感到很厌烦**

只要待在美女身边，就能获得好处。女性也是因为本能地知道这一点，所以基本上都对美女抱有好感。

那么，为什么有些人明明是美女，却让人感到厌烦呢？

首先是"虽然外表美丽，但不会给周围人施以恩惠"的情况，这样的美女一般有以下两种类型：

①打扮得非常美丽，但是表情很阴沉的人。

②身材前凸后翘曲线玲珑，但是激素分泌失调的人。

表情阴沉的话，就只会诱发消极情绪的回路，所以不仅本人会感到焦虑，在其周围被镜像神经元带动的人也会变得焦虑。

而且，即使通过减肥或整形塑造出美丽的外表，如果激素分泌失调，就无法分泌出"好"的费洛蒙，所以意外地不会受到异性欢迎，还会被女性们厌烦。女性脑，是无法轻易欺骗的。

● **最好不要与表情阴沉的女性做朋友**

如果你对你的美女朋友感到厌烦，那么她多半就是这种情况。

五官美丽的脸容易吸引周围人的注意，也容易诱发周围人的镜像神经元工作。因此，相貌姣好的人嘴角下垂、表情阴沉的话，带来的负面影响是相貌平平的人表现得闷闷不乐时的好几倍。

因此，最好尽可能不要和虽然外表美丽，但表情和举止并不优美的人待在一起。可是如今社交网络这么发达，即使不频繁见面也能保持友情。在这种情况下，可能做到远离她们吗？

像我这样年过六旬，月经也早就不来的人，表情就不怎么会被周围人影响。因为我的大脑已经把好奇心、满足感和积极向上都隔绝了（为此我一直坚持营养丰富的饮食），即使我面前的美女嘴角下垂，我的心情也毫无波动。所以，我并不介意。如果认识到这一点，就能对此有意识地加以控制，也可以做到不为所动。

不过，那些处在还会来月经的年纪，视力又很好的年轻人，还是注意一下为好，因为这部分人群真的会因此而感到焦虑。

不仅限于外貌美丽的人，那些表情总是阴沉的人，都很难说适合做朋友。如果想让你的人生更加丰富多彩，就不能总让表情阴沉的人待在自己身边。

当然，那些平时总是很积极的人遇到低谷的时候，还是请陪伴他们度过低谷吧。不过，一天到晚表情都很阴沉，说出来的话都是些让人心烦的话……这样的女性，最终只会让自己的人生越来越贫乏。

如果是为其奉献自己的人生也在所不惜的人，那跟对方一起走入穷途末路也可以，但如果不是那样，还是不要因为惰性而继续交往为好。

这样不会太过分了吗？

当然不会。

既然是成年人了，那么对自己的表情也要负责任。表情，就是对朋友的态度。把自己的负面情绪都宣泄给朋友的人，根本不值得称其为朋友。不抛弃这样的人，反而被对方的负面情绪所裹挟的话就太荒谬了。如果为了救溺水者而溺水，那就太得不偿失了。

● 治愈"阴沉表情"的方法

如果对方是无论如何都离不开的人，你就要竭尽所能地对她做出充满好奇心、积极向上的表情。希望她可以通过镜像神经元接收到这些信息，让表情一点点变好。

我自己过了50岁以后，就把周围的人都卷入了"积极的好奇心"中。我曾很多次看着那些在人生的高峰或低谷迷失自我的重要朋友，在与我共度的时光中慢慢找回自我。

如果无法抛弃表情阴沉的朋友，请一定要用自己的"好表情"去改变对方的脑神经信号。

● "开朗的表情和积极的话语"是最厉害的防御

如果这样还是治不好她,该怎么办呢?

其实,那些严重到无法根治的消极的人,往往很难和表情开朗的人待在一起,她们常常会自行离去。因此,只要我们自己保持开朗,就会自然而然地与她们变得疏远,所以不用担心。

总之,只要自己是积极又充满好奇心的,就会像穿了涂层加工过的大衣而不会被雨淋湿一样,不会被表情阴沉的女人缠着。

完全不用担心她,她会找到和自己拥有一样表情的人,并和其成为朋友。

因此,希望大家看看镜子里的自己。

如果自己的周围有很多表情阴沉的女性(或者,这样的女性长期待在自己的身边),那你自己的表情是否也是这样的呢?

让自己的表情与话语保持开朗的状态,是击退令人厌烦的女性的最强绝招。

除非是陷入人生低谷的时候，否则就不要再抱怨，也不要再重复恶毒的言论了，因为开朗的表情和积极的话语就是最好的防御。

● 忌妒是"大脑运转得很好的证据"

那么，当你意识到自己对表情开朗、性格好、身体健康的美女感到厌烦时，该怎么办呢？

说直接点，这时候的你可能深受忌妒心折磨。

首先，不必苛责被忌妒驱使的自己。

女性之所以会对美丽的女性感到厌烦，正如我在第2章中所说，是因为"明明想合群，但还是想成为第一名"这种本能在起作用。

因此，女性面对不属于同一群体的出类拔萃的美丽的或可爱的女性，并不会抱有敌意。反而，会让人产生抵触情绪的是在同一所大学、同一个职场的人，妈妈友，或是在同一个社区（群体）里的人。

就像刚刚说过的，美女对周围的人来说对人生有益，自然会被人重视。从比自己更受重视的人身上，大脑会感受到自己本应得到的恩惠被人夺走了，这是理所当然的。也就是说，对美女感到厌烦是我们作为动物的正常反应。

所以，被忌妒心折磨的时候，就想"我的大脑现在运转得很好"就好了。

接下来，请努力回想起"有美女做朋友很划算"这件事。

如前所述，美女对周围的人来说，对颜值有益，对头脑有益，对身体有益。意识到这一点，哎呀，真不可思议，一下子就从对她的忌妒中解脱出来了。

我们来仔细想想。就算我在这个群体中是第二名，但因为有她在，我的生存可能性也提高了。

这就是用显意识去阻止潜意识中的厌烦情绪的方法。请大家都试试吧。

● **把忌妒转为战略**

也有办法把忌妒转换为战略，作为给明天的自己储备的食粮。

银座有一家深受我尊敬的老板娘——和子妈妈经营的酒吧（她著有书籍《我和妈妈的饺子狂想曲》），吧台前总是挤满了仰慕和子妈妈的女性。我曾经有一次问过和子妈妈关于女性会对美女感到厌烦的问题。

和子妈妈说，聚集在酒吧里的女性，很多都是经营者，她们在面对比自己更美的美女时，比起忌妒，更多时候是抱有兴趣。她们会去向对方询问护肤方法，以及经常光顾的美容院、健身房，还有平时吃的营养补剂等信息。这些信息她们不仅会活用在自己身上，还会用于拓展人脉和开创事业。

我想这就是将"厌烦的对象"转变为"有用的对象"的方法。

● "诱发爱意的要素"是反差

面对美女会产生厌烦的终极对应法：明白"美丽"并不是最终兵器。

一般来说，魅力的确是会让人获得优待的要素之一，但"诱发爱意的要素"其实是其他东西。

人意外地会对别人的弱点充满爱意。雷厉风行的职业女性会因为一点小事就垂头丧气地掉眼泪，完美的帅哥却不敢一个人去餐厅，性格温和的女性不知道因为什么事而勃然大怒，像这样的反差很吸引人。

这种诱发爱意的反差，是在感受到爱的一方大脑里发生的事情，我们自己是无法预料的。所以，人只要不加修饰自然地活着，就一定会遇到爱自己的人。

● 女性视线的诅咒

如今的女性为了瘦拼命减肥，但是你们知道吗，瘦其实并没有那么大的好处。

就拿我的身边人来说，身材最结实的女性是最受欢迎的。在某种意义上，甚至可以说受欢迎到了异常的程度。而且，去向她搭讪的都是实业家或精英商务人士之类运势很强的男性。

当我还年轻，是一名"现役"女性的时候，我身上有一个"诅咒"：一旦体重超过某个限度，就会被告白或搭讪。

身材纤细的女性朋友吓唬我说："我老公说过，腰围超过60厘米的就不叫女人了。"但和她分别后回家的路上（我的腰围足足超过了这条底线10厘米），我就被比我小10岁的年轻实业家搭讪了。

我儿子痴迷自己像巴西姑娘一样臀围超过100厘米，拥有超大臀部曲线的媳妇。他对身为母亲的我感慨道："她屁股很大，而且吃完饭肚子还会鼓起来，真是可爱得不得了。"身材厚实的儿媳妇穿上外国品牌礼服的时候，真的很帅。我的腰围确实超过了70厘米，那又有什么？——要的就是这种感觉。

我问过一个把体重严格控制在40千克,即使不来月经也不想变胖一点的19岁女孩为什么这么想瘦。她回答我说:"瘦的时候,朋友们都会夸我可爱。"后又补充道:"所以,我想比任何一个朋友都瘦。"

既不是为了让自己心情好,也不是为了受男性欢迎,而是因为在意女性朋友们的视线。在基因层面,为了生存和更好地完成生殖,要在女性群体中提高其他人对自己的评价。大脑,还真是拼命啊,真让人忍不住感到难过。

不过,虽然知道这是本能,但是如果因为过于在意女性视线,而无法获得心仪的异性的喜爱,那不是有些遗憾吗?

以前放映过的美剧《草原上的小屋》中,有一句让我难忘的台词。

满脸雀斑、身材瘦削的主人公劳拉因为对美丽的姐姐十分憧憬,就在脸上涂面粉,往胸部的位置塞东西,试图成为像姐姐一样的人。劳拉的母亲这样对她说："如果你装作是另一个人，那只爱你的人该如何找到你呢？"我想，同样的道理大概也适用于憧憬美丽的朋友（身材苗条的朋友，做任何事都无懈可击的朋友）吧。

● 不同类型的人有不同的魅力

顺便一提，因为骨骼活动方式的不同，"美"的种类也会不同。希望你们也能明白这件事。

我们的手（脚），是由从胳膊肘（膝盖）连接到手指（脚趾）的两根骨头控制的。

一根是连接食指（第二趾）的，正中间的笔直的骨头（胳膊是桡骨，腿是胫骨）；另一根是连接无名指（第四趾）的，稍微有些弯曲的骨头（胳膊是尺骨，腿是腓骨）。

手掌和脚掌变换角度时，我们就会旋转这两根骨头，这时优先使用哪根骨头因人而异。有人会先动连接食指（第二趾）的骨头，有人则会先动连接无名指（第四趾）的骨头。

再进一步观察，还有把食指（第二趾）或无名指（第四趾）和中指（第三趾）一起使用的人，和将食指（第二趾）或无名指（第四趾）和小拇指（末趾）或大拇指（大拇趾）一起使用的人。

也就是说，人类分为这四种类型：①食指（第二趾）和中指（第三趾）并在一起；②无名指（第四趾）和中指（第三趾）并在一起；③食指（第二趾）和大拇指（大拇趾）并在一起；④无名指（第四趾）和小拇指（末趾）并在一起。

比如，受到惊吓的时候，类型①的人会嗖一下直起上半身（如果是站着的话会稍微跳一下），类型②的人会耸肩，类型③的人会像拳击手一样摆出防御姿势，类型④的人会身体向后仰。你是哪种类型呢？

● **无用的憧憬**

类型①的人因为使用的是身体正中笔直的骨头，所以从膝盖往下都是笔直的，给人以可爱的印象，非常适合圆头的可爱平底鞋。

但是，第二趾和第三趾并在一起的话，脚尖会过于集中，身体有向前滑动的倾向，所以不太适合穿高跟鞋。穿露趾的高跟鞋时，很多人都会脚趾顶出去碰到地面。

类型④的人因为会将膝盖窝处弯曲的骨头更朝着外侧去使用，所以膝盖以下会呈现出柔和的曲线。这样会给人以性感的印象，很适合穿高跟鞋。

因为末趾使劲往外用力，脚趾会弯曲，关节鼓起来支撑住，所以即使是脚尖位置很窄的尖头鞋，穿起来也不会挤脚。因此，穿着高跟鞋昂首阔步对她们来说完全没有痛苦。

不过，如果她们穿上圆头的平底鞋，看起来就会不适合到让人忍俊不禁的程度。因为她们脚趾的位置鼓起来，看着就像脚要从圆鞋头里钻出来似的。

对了，类型②和③因为是中庸的类型，所以这些人可以根据鞋子的设计调整骨头转动的方式。

我是类型④。

因为我吃惊的时候会身体向后仰，所以在居酒屋坐靠墙的座位时，头总会撞到墙壁。虽然羡慕那种在椅子上可爱地跳起来的人，但我这辈子都学不会。

小腿的骨头不直，所以穿上平底鞋不适合得让人想笑。但如果是性感的高跟鞋，就放心让我来穿吧。

这样的我，即使再憧憬小腿笔直的朋友，再怎么努力按摩或调整体形，腿骨一辈子也不会变直，只能舍弃这种无用的憧憬。

● **了解自己的优秀之处**

类型①的人，肩膀真的很美。肩部线条呈现出衣架一样的柔美轮廓，体形舒展，身体又很薄，露出肩膀也会很有气质，很适合穿有公主线设计的连衣裙。

类型②的人的特征是动作利落，肩膀瘦削，上臂肌肉的线条也很漂亮，所以很适合穿无袖的衣服。

类型③的人的特征是动作紧凑。这种类型的人会给人整洁的印象，穿廓形连衣裙看起来会非常时髦。

类型④的人的特征是肩膀柔软，身体有一定厚度。可以说，各种有鱼尾设计的衣服就是为这种类型而设计的。她们的动作总会伴随着身体的扭动，看起来非常有女人味。

无论是谁，都不可能同时拥有锋利的肩部线条和充满女人味的姿态。

换言之，女性一定是各自拥有不同的魅力的。不要去渴望自己没有的魅力，而是要关注自己独有的魅力。

● **恋爱是化学反应**

话虽如此，但难免会想"那个人绝对比我更受欢迎，我还是忌妒得不得了……"针对这种想法，让我们从脑科学的角度来思考一下恋爱是什么。

恋爱，从脑科学的层面来说，是非常合乎理论的化学反应。我们会从异性的外貌、气味、声音、触感等方面读取其生物信息，然后对与自己的遗传基因生殖匹配度高的对象发情。

根据遗传基因的不同，人们会选择各种各样的恋爱对象，对异性的偏好也是千差万别。

仔细想想吧，女性会喜欢朋友的男友的概率真的很低。这个大家应该都明白吧？但是，为什么还会想成为"那个人"呢？明明各自喜欢的类型完全不一样。

既然是根据基因的匹配度来选择对象，那就不是只要长得漂亮就可以，也不是只要长得帅又有钱就可以。恋爱，不是单凭外表就能取胜的。

● **美女也不容易**

话虽如此，胸臀丰满而腰身纤细，拥有前凸后翘身材的美人当然还是很受欢迎的。

　　动物的大脑被设定为会对代表健康、免疫力强的身体特征产生"美"的感觉。基因组都差不多的话，与免疫力强的个体配对会更有好处。也就是说，美女基本都是身体健康、免疫力强的（至少在发育期）。

　　而且，女性前凸后翘的身材是由女性的雌激素塑造的。也就是说，前凸后翘的身材是一种告知异性自己生育能力强的信号。

　　因此，身材姣好的美女毫无疑问会非常受异性欢迎。不过，不能因此就轻易得出受欢迎就能幸福的结论。

　　身材火辣的美女，除了因遗传基因或大脑特性的相合而结合的缘分，还会吸引到很多并不适合自己的人，所以很难分辨出真正与自己匹配的对象。很多人仅仅因为外表就去喜欢和接近她们，这些人将自己的理想擅自强加于她们身上，因此当这些人发现现实与自己认为的不同时，又会感到幻灭。虽然周围人都很羡慕她们，但美女其实并没有得到什么好处。

● 追求"完美"是很危险的

我们会被美丽的人所吸引,会对完美的人抱有憧憬。尽管如此,大脑却很难对美丽又完美的人产生感情。

之所以会这样,是因为我们的大脑对因为自己的行动而发生变化的对象才会充满感情。

外表美丽、头脑聪明、情绪稳定,工作也做得很棒,厨艺也能与专业厨师媲美,还喜欢做家务,休息日可以驾驶自己的汽车去任何地方游玩,不论何时都活泼开朗、积极向上。如果有这样的女性,会怎么样呢?男性也许会对她们产生崇拜之情,但是很难产生"心生怜爱,不想错失她"的感觉。因为,不管有没有他的存在,她都是完美的,他无法感受到自己存在的价值。

人类的大脑是依据相互作用而运作的。自己的存在或行动使环境(也包括人)发生了变化,大脑据此去认知外在世界,并确认自身的存在。

如果触摸水面也完全不会激起波纹，敲击桌面也完全听不到敲击的声音，或者，谁都不对自己的存在做出任何反应，就很难对自己存在于这个世界这件事产生实感。"即使没有他也活得很充实"的完美女友，会降低男性的存在价值。

女性也是一样。女性也很难对外貌无可挑剔，既没有烦恼，也不会感到寂寞的精英男性涌起爱意吧？

因此，从受异性欢迎的角度来说，有一些小缺点，也许会更可爱。

✦ 应对方法

· 谨记表情开朗的美女能给自己带来好处
· 警惕表情阴暗的美女,最好不要和她们交朋友
· 记住,忌妒是"充满活力的女性脑的证据"
· 要认识到,女性视角认为的美,并非受异性欢迎的要素
· 要明白美女也是很不容易的

问题2　如何与思维模式不同的人相处？

女性对比自己优秀的人会感到厌烦，对比自己差的人也会感到厌烦。尤其是明明比不上自己，还对此毫不在意的人。

为什么会这样呢？

因为这样会让她们感觉自己的价值观被人轻视了。

● 如何应对妈妈友们"最好这么做"的劝告？

妈妈友们都很喜欢拿自己在做的事情去劝告其他妈妈友"你最好也这么做"。

比如，"从0岁开始的英语教育，你要不要也快点给孩子安排上？听说语言教育开始得越早越好呢。"对于这样的劝告，嘴上说着"真好啊"，但实际上完全不会行动的妈妈友会被其他人厌烦。

她们会觉得，自己花了大价钱的"0岁开始的英语教育",被别人当成了完全无所谓的事。

针对这种"劝告",面带笑容地回复"我会认真考虑的,谢谢你提供的信息",接受对方提出劝告的心意才是正解。

"我会认真考虑的"这句话,其实就是不着痕迹地主张自己有"同等的立场",而不是把自己和对方割裂开来。而提出"劝告"的妈妈友因为感情上得到了安慰,所以心情就不会变得不快。

如果只是收到一句轻描淡写的"真好啊"作回应,她们就会感觉自己被"对于孩子的英语教育,什么都没考虑过的人"给看扁了。那个"不如自己的人"之后什么都不会做,让她们觉得自己的意见被无视了,所以才会对对方感到厌烦。

● 招人烦三件套

"真好啊"这句话有多令人心烦,希望人家站在对方的角度思考一下。

你为了维持体形，每天都坚持着严格的饮食管理和健身习惯，而在你身边有一个一边说着"你身材真好，好羡慕啊"，一边大口大口吃零食的朋友。

一边说着"你竟然考到了那种资格证，真厉害啊"，一边完全不打算做任何努力的朋友。

一边说着"你自己能赚那么多钱，真是太帅了"，一边心安理得地用父母、丈夫或者男友的钱生活的朋友。

她们就是那种就算给出建议也对她们毫无意义的朋友。

对这种朋友的厌烦，是对安于一事无成现状的人的嫌恶。对勤勉的人来说，怠惰是无法原谅的。

不过，"维持体形""考取资格证""自己赚钱"这些事，真的那么重要吗？这只是你的价值观，不是她的。

说到底，她只是对你说了好听的话（也许可以说成是奉承），并不是发自内心对你感到羡慕。其实，你也是因为知道这一点，才会觉得反感。

她的怠惰、奉承和"并非发自内心的羡慕"三件套，让你觉得不舒服。

● **勤勉的人的思维陷阱**

如果你面对这样的朋友会觉得着急，我想你一定是个很好的人，因为你希望她也能朝着更高的目标努力。

但是，把这样的朋友放在低于自己的位置去看待，想敦促她去努力，这种想法一开始就错了。她和你是平等的。她只是对你努力之后取得的成果送上祝福，并非因自己也想这样但做不到而感到懊恼。

因为自己在拼命努力，很容易下意识地认定别人也想这样，这就是勤勉的人容易落入的思维陷阱。

我就算听到别人说"真好啊""好羡慕"，也基本只会回一句"是吗"。我的朋友也大部分都拥有我所没有的东西。虽然我有一点小名气，但代价是我总是被时间追赶，过着充满艰辛的人生。活得久了就明白了，人生中，什么都是有代价的。

如果朋友问了,我就会给出建议,但是否要采纳我的建议,那是她的自由。因此,我并不会对此感到烦躁。

对朋友的怠惰感到烦躁的时候,不妨试着这样想想吧:正是因为有这样"做不好的人"存在,"做得好的我"的价值才得以提升。

这个世界上,也有不像自己这样勤勉的人。接受了这一点,就不会逼着自己钻牛角尖了。

● **世界观的崩塌**

"对比自己差的人感到厌烦"也有别的模式。

对于那些不如自己,却比自己更受社会认可、更成功、拥有更幸福的婚姻的人,自己难免会觉得火大。

因为这让人感受到了这个世界的不讲理。

坚信有多少能力,付出多少努力,才能取得多少成功,因此每天都在坚持进步,这时却有人可以轻易打破这种规则，这就说明世界也许并不是自己所想的那样。没错，说得夸张一点，这会让人感到世界观崩塌，无法维持内心的平静。

——因怀疑自己迄今为止一步一个脚印的努力也许都是无用功而不安。

——因在自己所看到的对方的形象中，有自己看不懂、不了解的部分而不安。

——因这个世界上可能存在自己看不懂、不了解的评价体系而不安。

可能你会有种被世界背叛了的感觉，但这些不安都是没必要的。

这个世界上的价值观比一个人能想象到的要多样得多。这些多样的价值观，我们也没有必要去全部了解。

她遵从了你不了解的价值观，成了比你更强的人。但是，你自己的价值观也并不会因此就变得毫无意义。价值观并不是只有那几种，所以不管是哪种价值观都能以自己的方式成立。

● **因不知道愚蠢的女人会做什么而不安**

说到底，女性到底为什么会讨厌比自己差的人呢？如果是基于想赢过他人的本能，明明应该对这样的人非常喜闻乐见才对啊。

原因很简单：愚蠢的女人会对群体产生威胁。

女性脑是在群体共同育儿的过程中形成的。在群体中，如果有因为粗心、迷糊、能力不足而给婴儿的生命带来威胁的人，那她就会成为群体中的危险因素。

因此，女性希望拉拢"势均力敌"的人，就是为了排除能力水平与自己相差较大的危险因素。在这种本能的驱使下，就会在对方对减肥没有足够的意识，或对英语能力的重要性没有足够的了解时，表现出对对方的抗拒。

站在第三方的角度来看，这些也算不上什么会威胁性命的事，但在高度重视减肥的人眼里，对减肥没什么意识的人就是"愚蠢的女人"。因为不知道"愚蠢的女人"会做出什么事情,所以要远离她们。

从上帝视角来看,这样做很蠢对吧?

但是,"不知道愚蠢的女人会做出什么事"这种直觉也是有其道理的,因为抚育常常伴随着不可预测的事态,因此不能把让自己感到不安的人,也就是愚蠢的人放在群体里。因此,我不能一味责备用自己深信不疑的评价标准来疏远别人的那些女性群体。

在自由集结的"亲密团体"里,人们是根据主流(或领导者)的好恶辨别优劣的,所以会疏远"劣等的人"也是没办法的事。因为mounting[1](优越感)是群体的安全对策。而被疏远的人,只要再去建立新的亲

---

[1] 译注:英文里原意是指爬背,指猴子、大猩猩、黑猩猩等为了表示自己比对方更占优势而跨到对方背上的行为,后引申为向不如自己的人展示傲慢或优越感的行为。

密团体就好了。

但是，如果在一整年都不能离开的班级、PTA[1]或者工作团队中也这样做，那这肯定是不公平的。

既然已经决定了要共同实现目标，就不该以单一的评价标准对其他人进行威吓。在工作团队中，必须要有互相提供力所能及的帮助，互相补齐彼此的不足的意识，而这也是男性脑长久以来在狩猎活动中培养起来的意识。

从"亲密团体"（群体）到"任务·目标"（团队），我们必须要改变自己的思维方式。

● 2 种思维模式

在有些关系中，明明在对话时双方大脑都各自做出了正确的判断，但还是会认为对方很愚蠢。

实际上，人类的"突发思维模式"，以及以其为依

---

1 译注：家长委员会（Parents & Teachers Association）。

据的对话方式主要有两种类型。如果彼此的对话方式不同，会彼此感到厌烦那也是没办法的事。

下面我就来说明一下存在于我们大脑里的两种思维模式。

遇到了麻烦，必须要做些什么来应对的时候，大脑突发启动的脑回路有两种：一种是反复思考事情原委，试图找到根本原因；另一种是将意识集中在"当下行动"上，试图尽快行动起来。每个人都具备这两种思维模式，并且可以有意识地分别使用，但在突发情况下，只会启动其中一种。

比如，年幼的孩子看起来身体不舒服，不愿意吃早饭，"事情原委"派会以"这么一说"作为关键词，开始在记忆中寻找根本原因，就像这样："这么一说，昨晚洗完澡给你喝苹果汁的时候，你好像看着就不太舒服了。这么一说，前天听说幼儿园里出了手足口病的病例，是因为那个吗？来张嘴我看看，啊，果然。"

而"当下行动"派会迅速把握当下的客观事实情况,并立刻行动起来,就像这样:"发烧了吗?(测体温)""这个时间,附近的儿科还开着呢吗?(马上查询)"

不管是育儿还是工作,为了尽力守护重要的东西,解决麻烦,这两种意识缺一不可。如果要组成双人组合,那这组搭档应该是突发思维模式不同的两个人。因为他们是在面对突发情况时,能够互相守护的珠联璧合组合。

● **明明珠联璧合,对话时却鸡同鸭讲**

但是,在现实生活中,这样的组合却会互相反感。

一方放任情绪的变化,一直说着"这么一说,当时如何如何"来回忆,而另一方则会感觉无法忍受。"当下行动"派过于注重客观事实,因此会认为"事情原委"派是只知道说自己的事,看不清全局,啰里啰唆的蠢人。

但是抓住根本原因,可以确保处理问题时本质上的正确性，对于组织的进化来说也是不可或缺的。

　　说起来，东京奥运会的组织委员会主席之前说过"女人说话太啰唆了。只顾着自说自话，根本没有重点"之类的话，最后不得不因此辞去这个职务。

　　恐怕这个发言本身一部分说的的确是事实吧，或许他身边就有这样说话的女人。但是，那是因为她想和别人交流的是只有用这种表达方式才能阐明的问题和创意想法。

　　他的错误在于，他本应该对这种表达方式表示敬意，而不是揶揄。他这样说，就是用一部分女性的言行作为掩护，攻击了全体女性。

　　但是，他所感受到的这种厌烦，可能会发生在任何一个使用"当下行动"脑回路的人身上。

　　明明自己想立刻处理眼前的事，对方却一直陷入心情啊回忆啊，啰里啰唆地说个没完，这样确实会令人烦躁。

同样,"事情原委"派也认为,自己明明在讲很重要的事,对方却不假思索地直接强行下结论,这让人很恼火。

尽管两方的大脑都准确地选择了让自己的大脑能够以最快的速度获得最优解的脑回路,但彼此都觉得对方很蠢,于是就会互相厌烦。

● **你厌烦的那个人,正在发挥你所不了解的能力**

在大脑中,除了思考方式,还有很多"下意识的二选一",做出不同选择的人可能就会互相厌烦。因为看的东西不同,感受的方式不同,下意识的言行不同,所以会怀疑对方的真实想法和能力。但是,这样的彼此其实才是真正的好搭档。

因此,对他人的言行感到厌烦时,试试这样去想——这个人正在发挥着与我不同的能力。

对我来说,越是让我觉得厌烦的人,我越会把他当作能看到自己看不到的东西的伙伴（最典型的例子就是我的丈夫）。因为是"自己看不到的东西"，所以无法准确把握，只能先大致信赖对方。做人必须要有相当程度的经验和度量，如果做不到，那公司和家庭都无法顺利运转。

● 对"事情原委"派感到烦躁的时候

面前这个人一直没完没了地讲事情经过和自己的心情，因此让你感觉很烦躁，就让我来教你这种时候的应对方法吧。

回到女性之间。比如，有客户投诉说"合约内容有错误"，明明必须马上去解决这个问题，女下属却一直啰里啰唆地说："这么一说，3个月以前，客户那边的A部长说了这样的话呢。然后B课长就揪着不放，说了那样的话，从那时候开始就感觉挺奇怪的。我也被他们搞得很混乱……"

首先，请理解下属的心情。虽然造成麻烦的直接原因是"合约错误",但她考虑的是,如果不把根本原因,也就是"归根结底,是客户那边的 A 部长和 B 课长有矛盾,才让事情走向变得奇怪了"向上司进行报告,就算上司去找 A 部长和 B 课长谈话,也无法进行最合适的应对。

因此,在这种情况下,如果是我,我就会像这样对下属进行引导:"你说的这些好像很重要,之后我们再认真聊一下。不过,能先告诉我合约是哪里出错了吗?"

男性上司常常会直接训斥对方"我不想听借口",或者说"能不能先说结论?"而我绝不会那么做。

毕竟,我是女性嘛,体谅对方心情这点小事,对我们女性来说不是小菜一碟吗?

● **试着去和"事情原委"派共情**

如果时间还富裕(如果不是在有生命危险的场合),希望你们能试着去和对方共情。因为基本上只要你表示共情，就能让"事情原委"派快点把话说完。自己的情绪得到充分共情的话，她们就会加速完成大脑里的记忆再现。

不过，"事情原委"派有时会因为过于沉浸于状况说明，说半天也得不出结论。所以光是表示共情的话，有可能反而会让车轱辘话来回说。这种时候，表现出很担心的样子问她"发生什么了？"，表现出很好奇的样子问她"然后呢，你怎么做了？"这样去引导对话进行就好了。

我太担心你了，我对你的话太有兴趣了，所以听不进去不重要的细枝末节了——这种态度才是和她们沟通的秘诀。

● 对"当下行动"派的应对方法

别人话刚说了一半，就急着自顾自地给出"你也是的，你要是这样做多好啊"之类对方并不需要的建议，或者不假思索地断言"你说的那个，其实就是这么回事儿吧？""那样不行啊"，这就是"当下行动"派。

因为急于下结论，根本就没耐心听完事情的原委，所以他们才会毫无顾忌地打断别人的话。

这样确实很招人烦，但这其实也是脑回路的特点导致的问题。他们这样做并不是出于优越感，而是出于一心想尽快把面前这个人从混乱中解救出来的心情。

回到女性之间。对于这样的人，只要先跟她说结论（或者带到谈话的终点）就行了。

如果是工作关系，就可以这样说："关于××，我有事要报告。""关于××可以进行改善的地方，我有一个提案。""关于企划书的修改，我有一些想法。"

如果是私人关系，只要直截了当地说"我想给你讲讲这件事""可以先听我说个事吗？"就行了。只要让她明白听你说话就是此时的目标，她就会朝着这个目标迈进。

上司基本都会建立起"当下行动"的脑回路,所以在职场上,千万不能从头开始讲事情的经过,比如"前段时间,A和我这么说来着,没办法,我只好去找B商量,结果她说……"

先哕里哕唆地讲事情经过的话,会让上司认为你脑子不好使,或者没好好干活,只会给自己带来损失。而且,对方会在这个过程中不断提出没用的建议,从而让对话变得七零八碎,难以顺利进行。

● 先说能做到的事,而不是做不到的理由

对"当下行动"派要先说结论。在对方强人所难时,这个准则也同样适用。

被对方安排困难的工作时,"事情原委"派会从"做不到的事"开始考虑,但"当下行动"派希望能从"能做到的事"开始说。

比如,当听到对方提出"最晚到下周二把这些全部完成"这种不由分说的要求时，如果回答"到下周二的话我能完成80%，并提交进度报告。如果要全部保质保量地完成，还需要再花两天时间"，上司就会觉得"这孩子挺能干的嘛"，对你刮目相看。

和"哎，不行啊，我还要做那项工作呢。这根本就不可能完成得了啊"这种回答比起来，上面的回答方式是不是帅气得多呢？

● 提可以用 YES 或 NO 回答的问题

"事情原委"派非常关注过程，所以在对什么事情感到迷茫的时候，脑海里总会下意识地浮现出"该怎么办才好呢？"这样的疑问句。

"当下行动"派则是注重结果，因此想到的是"这件事，是不是这么办就行呢？"这样的疑问句。

自己如此，当然也会希望下属用这样的方式提问。而且，如果问"是不是这么办就行呢？"，上司可以直接回答YES或NO，这正好让对方能应对"当下"。对

"当下行动"派来说，没有比这更好的了。

在工作场合，要用"是不是这么办就行呢？"这种方式提问。希望你们能牢牢记住。

● 对话的奥义

"事情原委"派与"当下行动"派之间对话的难度在于内心的分歧。

"事情原委"派认定对方是不分青红皂白就下结论的过分的人，"当下行动"派则认定对方是靠不住的孩子，这都是误解。

因对话方式的差异产生的厌烦情绪，运用技巧都能够解决。

对话的奥义是"听对方说话时给予共情，自己发言时先说结论"，仅此而已。听人说话时给予共情，别人提到你就会说："那个人，很能理解别人的想法。做事游刃有余，真是成熟啊。"而发言时先从结论开始说的话，就会得到"那个人讲话很有效率，很聪明"的评价。

只要能灵活运用对话的奥义，"因为被人看扁了而感到气愤"和"因为嫌弃对方而感到厌烦"这两种情况就都不会发生，请大家一定要努力去灵活运用。

● 过度共情会惹人厌烦

最后，是给容易感到不安的女性的建议。

女性群体因共情而建立联系。所以，只要能共情，就能保障自身的安全。因此，对什么事感到不安的时候，女性有时会表现出过度的共情。

明明只是随便聊聊，却不停地说"我懂"或者"真厉害"；明明不是什么大不了的事，却一直在问"没事吧？"

这些行为既会让你看起来很谄媚，也相当于是在自我宣告自己是"愚蠢的女人"。这样一来，其他女性就会发动前面提到过的"不能把愚蠢的女人放到群体里"的本能,反而会增加让你被周围的女人疏远的可能性。

共情很重要,但也要注意不能过度共情。生而为女,保持这种平衡也是很重要的。

✦ 应对方法

· 记住不要擅自用自己的评价标准去贬低他人
· 在亲密团体里,对与自己步调不一致的人也要报以理解
· 谨记让你厌烦的对象能够成为你最棒的搭档
· 带着共情倾听对方,自己发言时先说结论
· 避免过度共情

问题3　如何应对"爱炫耀"的人？

在问题2那部分，我讲述了对比自己差的人感到厌烦时的应对方法，而与之相对的就是应对优越感的展现。当对方认为你比她差的时候，就会展露出优越感。

在问题2的开头部分我也说过，对其他人展现优越感的人，目的并不一定是要威吓对方。很多人都是因为认定自己的信念是好的，只是想对感觉不如自己的人提出建议而已。

但是，如果这个"感觉不如自己的人"没有按照自己建议的那样去做，她们就会不高兴，她们会感到自己极为看重的事情被对方轻视了。因此，为了向对方证明"我就是比你优秀"，她们就会真的开始威吓对方。

如果这些成了日常，那就难办了。

她们自己很急切地想压对方一头，而被威吓的一方会觉得烦不胜烦。那么，该怎么办呢？

● **优越感的 4 种类型**

优越感（mounting）原本是指动物为了彰显自己的优越而骑在对方身上，以此压制对方的行为。而在女性关系中，则是指通过擅自给自己打上"我比你更幸福""我过得更富裕""我头脑更好""我更有魅力"等标签来显示自己处在更高的地位。

由于生殖本能的影响，女性在群体中以获得更高的地位作为提高生存可能性的条件，所以表现优越感可以说是非常自然的行为。

展现优越感有以下几种方式：
· 提出"你应该如何如何"的建议
· 出言讽刺
· 故作谦虚，其实是炫耀
· 一味炫耀自己

● **女性会相互炫耀的理由**

在原始社会中，在群体中受到优待才是提高自己和孩子生存可能性的重要因素，因此，女性的大脑很容易产生必须表示自己处于更高地位的冲动。

另外，女性的亲密团体原本是为了共同育儿而形成的（即使是学生），让"愚蠢的女人"留在身边是很危险的，所以必须疏远明显处于劣势的人。

出于这两种本能，女性每天都在你压我一头，我压你一头地活着。

在问题2中，我已经给大家讲了处于劣势地位的一方感到厌烦时的应对法，在这里我要再给大家传授一点相关的小技巧。

● **假装提建议**

劝0岁孩子的妈妈对孩子进行"0岁开始的英语教育"，即便是出于真心实意的建议，听的一方也可能会觉得对方盛气凌人。如果听的一方并不遵循建议（甚至还不拿提建议的人当回事），提出建议的一方可能就会真的开始进行攻击，从而演变成十分麻烦的状况。遭遇这种"多管闲事"式的建议时的应对方法，我在问题2的开头已经讲过了。

但是似乎还存在另一种情况，即假装是在提建议，实则是在炫耀。

比如对5岁孩子的妈妈说："我们家孩子从0岁开始就送去上双语托儿所了，如果不从0岁开始，就要落后了。你家的孩子也应该抓紧点了。"这样明显就是为了表现自己的优越感了。

● **用感谢和谦虚应付过去**

这是她"难得的建议"，直接接受是最好的选择。你可以笑着回答她："谢谢你，你真的一直都很关心我。"

然后，再说一句"不过我们家不着急学外语的事，光是让孩子把日语学明白就已经要竭尽全力啦"就行了。

如果还想反向压制回去，你就说："黑川伊保子说，专心于母语的人更能提高理科能力。将来碰到需要用外语的时候，用AI做同声传译不就行了吗。"不过，把话说到这份上的话就是宣战了。因为这样会惹来很多麻烦，所以不推荐真的这么说，就在心里这么嘟囔几句，用来缓解压力就好了。

但是，这种看起来像建议的优越感的展现，对方在大脑中到底自认为这是建议还是优越感，其实很难界定，所以将其当作"难得的建议"接受就是最好的。这样一来，优越感就不成立了。

不过，如果只是感谢，没有听从对方的建议，还是会被纠缠，所以最好把不做的理由也一并说了。最好的做法是装出谦虚的样子，告诉对方"我们家光是为了××就已经竭尽全力了"。

● **对多管闲事的人说"真抱歉让您费心了"**

努力工作的人被教育"必须得早点结婚"，结了婚又要被问"还没生孩子吗？"，生完孩子以后身心俱疲，还要被问"不生个二胎吗?"

对方可能确实只是提提建议,但真的很让人烦躁。这一套多管闲事从昭和时代开始就一直在骚扰女性了(苦笑)。

被问到这些问题时,只要摆出一副好像很难过的表情说"真抱歉让您费心了",基本就能让对方闭嘴。

不过,被问到"还没生孩子吗?"的时候回答"真抱歉让您费心了"的话,大城市的熟人一般都会就此闭嘴,但乡下的亲戚反而会继续纠缠不休地追问"是怀不上吗?还是没打算要孩子?为什么呢?",让人更头疼。

应对这种情况,我觉得我家儿媳妇很有一手。在乡下,大家揪着她这个新娘问"还没生孩子吗"的时候,她的回答是——"城里都不着急呢(微笑)。"

完全把对方的气势给压下去了。真厉害啊,儿媳妇。这个回答也同样适用于关于"结婚"的问题。如果你是住在乡下的人,只要说"因为我男朋友是城里人的那种观念"就行了(就算是撒谎也没关系)。

● 面对讽刺，最好的做法是假装没听懂

听到你说"昨天太忙了，就用便利店的熟食对付了一顿。还挺好吃的"，她就会说"哎，你吃便利店里的熟食也能吃得挺香的啊。真厉害，我实在受不了那种塑料保鲜膜包着的熟食，每顿饭都要从削柴鱼片开始弄，得花不少时间呢"这样的话，先捧后踩。

碰到这种情况，最好别把它当成讽刺，就把对方当作真的遇到困扰的人，温柔以待吧。

"哪有，你比我厉害多了。每天都削柴鱼片吗？真不容易。"就像这样去回应，让她的优越感得到满足，她的心情也会跟着飘飘然起来。等她开始得意忘形地炫耀自己厨艺的时候，再充满同情地补一句"不过，这样活着应该很辛苦吧"，她立马就会闭嘴了。

那么，下面我要提问了。

我的朋友有一次开车去接她的朋友。

她在约定的时间把车开到了对方公寓楼下，但对方一直不下楼。我的朋友在楼下等了大概10分钟之后给对方打了电话，对方说："对不起，不小心睡过了。"然后匆匆忙忙下了楼。

当时，我的朋友感慨了一句："能一直睡到约好的时间，真好啊。"你觉得这是讽刺吗？

你可能觉得这就是讽刺吧？那你答错了，这并不是讽刺。

我这个朋友性格非常认真，是那种在离约好的时间还有10分钟时就做好一切准备，还有5分钟时就已经按下电梯按钮的人。她有时会对这样的自己感到厌烦，所以是真心觉得那位睡过的朋友能不拘小节真好。只要是了解她的人，都不会认为她那句话是讽刺。

我也经常因为迟到而匆匆忙忙地出现，她每次都会对我说："到得早是我的坏习惯，你不用太在意。"所以，我完全相信她说那句话的时候没有一点恶意。

你认为是讽刺的话，其实意外的常常只是对方的无心之言。

而且，就算真的对方是为了讽刺你才说的，你就顺着她的话笑着说下去，这个讽刺也就成不了讽刺了，优越感也随之不成立了。

● **假装谦虚，实则炫耀的人**

听到体重超过70千克的朋友说要减肥，却还跟她说"我上周也胖到必须得减肥了，现在都50千克了"之类的话，这样看似是在贬低自己来配合话题，结果还是在自吹自擂，这种行为也是优越感在作祟。虽然很多时候都是无心之言，但听到这话的人就会很生气。

如果对方确实是出于优越感才这么说话，那么最好的回击就是装作没发现，故作真情实感地去回应："是吗？！那你可不能大意啊，都胖成这样了，一定要特别努力把体重减回去才行。"摆出一副自己是过来人才给你这些建议的样子，那么对方一定会在心里哀嚎："别把我跟你混为一谈啊！"

● 一味炫耀自己的人，其实很好对付

如果对方只是单纯地炫耀，那送上祝福就好了。这种炫耀其实也挺可爱的。

"我女儿考上了医学部。""哇，这孩子可真努力啊。"

"男朋友在豪华游轮上搞了惊喜，向我求婚了。""哇，真是恭喜你！"

这种单纯的炫耀，如果听的一方把它当作优越感，那就真的变成优越感了。

如果面带笑容送上祝福，则会让自己看起来非常游刃有余。通过这种方式，展现出"虽然我不会说出来，但我可比你格局大多了呢"这样的松弛感，就能在她面前为自己扳回一局。

● 揭自己的短，故意打岔也是一种方法

话虽如此，被对方追问"您怎么样呢？"的时候，总会觉得必须得说点什么作为回击。

如果自己胜券在握（"我女儿在牛津留学，现在正准备外交官的考试。""我女儿是模特，现在正在巴黎演出。"），爽快地敲打敲打对方也无妨，但如果不行，不如干脆揭自己短，那也能作为一种回击。比如："我家吗？小的那个已经复读两回了，好不容易考上了吧，又退学成了无业游民了。哎呀，我们一家真是老的小的都让人见笑了。"

对方讲自己去意大利旅行的事，你就一脸愁容地回答："真好啊，我连踏出隅田川这片地方都是3年前的事了。"这么一来对方也没法继续炫耀了。如果不想接着听对方说下去了，自揭短处很有效。

顺便一提，我家儿媳妇好像手里有张"王牌"。如果有人就育儿方面的问题多嘴，她就会说自己这样全都是因为"我婆婆说从脑科学上来讲这样就可以呢。我婆婆是脑科学家，黑川伊保子哦"，拿我当挡箭牌（苦笑）。

● 优越感的沼泽，其实是在你心里

即便如此，朋友和熟人碰到开心的事，为什么会扰乱自己的心绪呢？

朋友的孩子考上了东京大学医学部？那多好啊。熟人里面多了一位优秀的医生，有能指望的人了。

在意大利旅行途中，品尝了地道的西西里美食和那不勒斯甜品，还被意大利男人搭讪，这种故事也太有趣了吧？

这么一想就会明白，不能心平气和地听那些炫耀的话，并不是对方的问题，而是自己的问题。其实是"自己想得到，却没得到（或者被别人抢先了）"的想法让你感到痛苦吧？

不管是讽刺也好，多管闲事也好，只要坦率地感谢或道歉就行了，但不知怎么的，心里总是很抗拒。认真、有上进心，经常在心里描绘"理想的我"并为之努力的人，很容易掉进这个沼泽。

说到底，优越感只有在己方感觉自己被超越了的时候才能成立。

很多时候其实都是自己觉得很生气,但对方完全没有炫耀的意图。就算对方是故意为之,只要我们不接招,优越感就不成立了。如此一来,对方只会觉得难堪而已。

归根结底,优越感的沼泽,其实是在你自己心里。

反射性地拿自己和他人比较,想要和对方分出胜负的本能,是关乎生存的重要本能,但在人际关系中,我们必须放下这种本能。这就是大人的教养。

✦ 应对方法

- 对于伪装成建议的优越感,用"感谢"和"谦虚"应对
- 面对别人的多管闲事,用"真抱歉让您费心了"应付过去
- 对于明褒暗贬的讽刺,最好的办法是假装没听懂
- 如果没有胜券在握的优势,就自揭短处,打乱对方的节奏
- 要认清,优越感的沼泽,其实是在你自己心里

问题4 如何应对"事儿妈"厌烦症?

人活得久了,随着人生经验的增加,能瞬间感知到的事物数量就会增加。

能瞬间感知到的事物数量越多,就越吃得开,这是世间的常理。

● 上年纪以后直觉会变强

比起二十几岁,五十几岁时的认知速度要快得多。我过了50岁以后,就不会再让东西掉落了。比如,保鲜盒快要从厨房高处的架子上滑落的时候,我能根据声音在瞬间就意识到它会怎么掉下来、掉到哪里,所以几乎不用去看就能抓住它。从厨房台子上滑下来的筷子,我竟然可以用膝盖夹住……我把这些讲给同龄的朋友,结果在场的所有人都激动得两眼放光地说:"我也是这样!"

虽然接受新事物的速度变慢了,但对于过去经历过的事情,认知速度非常快,单位时间内能注意到的事情也非常多。这就是50岁以后大脑的特征。

● **刚洗完澡的主妇"看到"的东西**

也就是说,做了20年以上主妇的人,已经能"看到"各种各样的东西了。洗完澡后,她们会用毛巾擦去水龙头和镜子上的水珠,扔掉排水沟里的头发,及时补充浴室里的洗发水和香皂。

因为看到水龙头上的水珠,就知道这么放一天以后,水珠就会变成白色的鳞状污垢粘在水龙头上。因为看到用完的空洗发水瓶放在那里,就能想象到不补充的话,下回进来洗澡的家人(或者自己)失落的样子。

在经验丰富的主妇忙碌的时候,身边刚洗完澡的20多岁的女儿只顾着敷面膜、按摩、吹头发,连自己掉的头发都不知道捡起来。脱下来的衣服里外是反着的,而且一半都搭在脏衣篮外面。

就算不主动提出帮忙，哪怕说一句"谢谢"也行吧——主妇们会有这种想法是理所当然的。

● **主妇能看到 100 分的话，家人就只能看到 20 分**

但是，女儿不可能做得到。

要问为什么的话，就是她根本看不到这些。她如果能意识到水龙头上的水珠明天会变成白色污垢，也一定能注意到妈妈擦掉了水珠，能够说出感谢的话吧。不过，很遗憾，她完全不会注意到什么水珠。

经验丰富的主妇眼里的活比家里其他人眼里的多好几倍。如果主妇能看到的是100分，那其他人顶多能看到20分。

所以，主妇们总是在感叹得不到家人的理解，得不到家人的感激（20世纪80年代，人们将这样的主妇称为"得不到"族）。

● "事儿妈"的诞生秘话

职场上也是如此。

经验丰富的老员工能看到的东西比年轻人要多几倍,很多事情让她们不由得想"如果是我就会这么做"。看到年轻人做事不得其法的样子,就会忍不住心生烦躁。如果年轻人至少能表示一下感谢,那自己也能释然,可每个人都没有任何表示。于是,她们不自觉地脱口而出:"为什么不那么做?这种事看一眼就明白了吧。"结果就被称为"事儿妈"了。

对不知感恩的人感到不爽就是这个原因。与年龄无关,"做不好工作的人"也同样缺少这种眼力见。

因此,越是工作能力差的人越不知感恩,越是工作能力强的人越懂得感谢;越能干的上司越知道犒劳部下,越没能力的上司越爱抱怨。于是就会产生这种令人气愤的矛盾。

不知感恩的人并不是明明看到了,却故意无视,也不表示感谢。只是因为看不见,所以也没有感谢的契机而已。

就算对这样的人一直说"我为你做了这个""我为你做了那个",也只是在道德绑架,只能惹人厌烦罢了。她们只有做好"这个人就是根本不懂感恩"的觉悟。

● 把心态调整为"因为是自己想做才做的"

没有和自己一样的人,世界上与自己不同的人数不胜数。因此,如果只根据自己的标准来判断事物,就很容易受到伤害。

女性经常会把"一般都是这样的吧"或者"一般都不会这么做的吧"之类的话挂在嘴边。她们深信,自己认为的"一般"就是所有人都认同的"一般"。但是,很遗憾,这个世界上并不存在所有人都认同的"一般",也没有人会把自己百分百展现给世人。

如果你因为自我怀疑"我到底是为了什么才做了这

些"而停下了脚步,首先要果断放弃的想法就是"为了让别人觉得我是好人"。

今后,不管是家务也好,还是自己职责范围之外的工作也好,都把它们想成能让自己开心的事。

因为想吃美味的饭菜所以才下厨,因为心情好所以决定打扫房间,因为心里愿意所以才关心别人——要让自己形成这样的思维模式。

过了50岁,如果自己并不情愿,只是为了别人才去做事,就会觉得很难忍受。抱着"都是因为自己想做才做的。如果还能给别人带来快乐,那就太幸运了"这样的想法去做事吧。

工作上也是如此。对其他人的察言观色也是,差不多就行了。

少了你一个人看眼色,地球照样转。稍微耿直一点,也能给年轻人做个榜样。

然后,尽可能去和自己喜欢得不得了的东西相遇吧。

● **好好表达感谢**

此时此刻正在读这本书的读者中，应该有人在想"最近妈妈心情不好，是不是到更年期了？"吧。

一直以来都扮演着"好妻子""好母亲"的妈妈，有一天开始对自己做事的目的茫然不知了。

每天准备早餐、午餐和便当，把家里打扫得一尘不染，洗衣服烘干……这样重复20年，她的忙碌已经成了这个家里理所当然的风景，家人不会对她的付出表示感谢。

也许你会想"我已经好好感谢了"，但其实你看到的，你表达了的感谢，和妈妈100分的付出比起来，顶多只有20分而已。

为了养育孩子，母亲是不遗余力地付出。把孩子养大以后，孩子独立了，自己也绝经了，她一下就找不到自己为家庭付出的意义了。每天从早到晚，为了家人，既要做家务，又要工作，还被各种各样的琐事缠身，于是不由自主地开始怀疑"我到底每天都在做什么呢"。因此，得不到家人的感谢，就会让她们变得烦躁和悲伤。

虽然都说这个年纪的女性情绪焦躁的原因是更年期，但在我看来，并不只是如此。大脑的生殖期结束了，生殖本能变弱了，需要让周围的人保护自己的理由也消失了，她们开始不明白做"好人"的意义在哪里，而这种认知危机也是导致她们情绪焦躁的重要原因。

我上了年纪以后，才逐渐开始意识到，啊，原来妈妈还为我做了这个，原来妈妈还为我做了那个。

如果实在不知道该为了什么去感谢她，就直接和她说一句"妈妈，一直以来真的都非常感谢你"。好好向她表达感激之情就好了。

● **致因为不被感谢而悲伤的女性们**

如果你觉得没有人感谢你，那就说明你比你周围的所有人都优秀。因为大家都只看到20分、30分，只有你自己能看到80分、100分。

我经常说一句话："作为社会人，当你开始觉得周围人对你的感谢不够的时候，你才终于成为一个能独当一面的人。"因为这时的你对周遭的事物看得比你身边任何人都更全面、更透彻。

如果得不到充分的感谢，那么作为专业人士（也包括专业的家庭主妇），你应该对自己感到骄傲。

顺便一提，我一点也不想从家人那里获得感谢。

我儿媳妇把我当成育儿的伙伴，所以经常一边哭哭啼啼地跟我说"我困得受不了了"，一边把孩子不由分说地塞到我怀里，然后就去睡觉了。也就是说，她对于我这个一起育儿的伙伴，抱有100%的信任。

如果她跟我说"妈，真对不起，但是能不能麻烦您帮我看下孩子"或者"谢谢您帮我看孩子"这些话，我可能会难过得直接哭出来。因为这些不是对育儿的当事人，而是对外人才会说的话。

✦ 应对方法

· 年纪越大,直觉越强

· 注意到的家务活越多就越吃亏

· 不表示感谢,是因为没有意识到(并不是故意无视)

· 过了50岁,想做才去做是基本原则。不想做又必须做的事,就创造动机将其合理化吧

· 得不到周围人的充分感谢,证明你已经成为专业人士

问题5　如何与价值观不同的人相处？

女性们是以共鸣作为黏合剂建立起群体。用"我懂，我懂"这样的彼此认同连接起来的群体，是最适合育儿的群体。

我已经说过很多次，即使并没有育儿的需求（即使是小学生），女性组成的亲密团体也依然是高度适合育儿的团体。母性是我们与生俱来的强大本能。

因此，不能彼此认同的人就无法建立亲密的联系。彼此无法认同的人，对大脑来说就是不稳定因子，所以我们会对这样的人感到厌烦。

● 聊天对女人来说关乎性命

女性脑对聊天有非常高的需求。

遇到难事的时候想聊聊，痛苦的时候想聊聊，受伤的时候想聊聊，不管遭遇什么失败都想找人聊聊，当然，有了高兴的事情也想找人聊聊。

其原因是聊天能够提高生存的可能性。

比如，如果我看到一个刚能站立的小孩差点把手伸进桌子上的热锅里，慌忙过去把他抱了起来，那么第二天在公园里遇到其他妈妈友的时候，我一定会忍不住提起这件事。

实际上，大脑会同时回想起遭遇危险的瞬间和当时的情感，这样就能再次体验当时的情境，这是一种"为了不再次遭遇同样的事情，而在大脑中锻炼技能"的习惯。

在育儿这件事上，不能允许出现重大失误，所以必须让自己具备"回避尚未发生的危机"的敏感性。

因此，女性脑会反复回想令自己感到震惊或失望的场景，重写大脑以避免再次遭遇同样的事情。

"刚才在车站的楼梯上绊倒了，差点摔下来，好可怕""本来想买新口红，但是因为没时间了，所以没买成。"女性经常说这样一些即使说了也解决不了的事（差点摔倒／想去买东西却没能买成），让男性备感困惑，其实，这些话有很重要的意义。

我们女性担负着育儿的任务。不管丈夫多么积极地参与育儿这件事，我们都没办法把育儿的主要责任转交给他们。

育儿是一项关乎性命的任务，一次重大失误也不能出现，所以女性从孩子的幼儿时期开始，就会放大"微小的失败和恐惧"，让大脑反复回顾这些经历，以提高回避危机的能力。所以，女性会遇到一点小事就反应激烈，会不停地翻旧账。

男人们对于"女人爱翻旧账"（明明道歉过好多次了，还要提这件事。这都是多少年前的事了）这件事感到非常头疼，但是女人如果不这样，将来在育儿时就会很危险。

女人是为了生存才拼命翻旧账的。

● **女人聊天时必须要收到"有共鸣的回应"**

这种时候，如果像大多数男人一样，对于"刚才我差点从楼梯上摔下来，好可怕"的回应是"受伤了吗？从多高的地方摔下来的？""（烦躁）不是说了没摔下来吗？""啊？那你跟我说这个是想说什么？"，女性大脑的记忆再现过程就会受阻，激烈的情绪反应也就没有意义了。

在这种情况下，必须要给予对方强烈的共鸣。也就是说要这样进行对话："哇，好可怕啊！""哎呀，真够吓人的，一下跨了三个台阶呢！我们去有扶手的那边走吧。""你穿的那种尖头鞋很容易卡在防滑板上的，小心点走路吧。"女性得到这样的回应之后，就能切实提高回避危机的能力了。

综上所述，女性为了提高回避危机的能力，"想说话的欲望"和"想获得共鸣的欲望"会同时发挥作用。所以，大多数的女性大脑中，对这两项的好感度被设定到了最大限度。

● 给予共鸣的一方也能获益

从脑科学的角度来说，谈话中给予对方共鸣的一方，也能获得很大益处。

所谓共鸣，就是"以情感为契机，模拟体验他人的记忆"。这样一来，即使不去亲身体验，也能从别人的经验中获得智慧。

妈妈友听我讲完差点把手伸进锅里的孩子的故事，虽然并没有让她的孩子遭遇相同的危险，但是以后每次把盛着饭菜的热锅放在餐桌上时，都会下意识地确认孩子的位置。只要能与别人产生共鸣，自然就能学会育儿的道理。

所以，以育儿为潜在目的而结成的"女性亲密团体"，如果彼此之间不能愉快地产生共鸣，这个团体就没有意义了。

● 共鸣是女性间关系的黏合剂

可以说，共鸣就是女性间关系的黏合剂。

正因如此，我们才会对价值观不同的人感到厌烦。

但是，在企业和军队等任务型团队中，如果无法和拥有不同价值观的队友进行磨合，就不能应对拥有各种各样不同类型的用户（或者敌人），团队就会变弱。单一的价值观是非常危险的。

因此，对于某位团队成员的发言，其他人必须当场提出其他的价值观进行警告。每个人都需要立刻找出别人发言存在的问题，互相提出建议。比如，"你也应该做××啊。""哎呀，这样不行啊。"

对于女性来说，同时身处职场的任务型团队和关系亲密的育儿共同体这两种不同的团体中，如果不会根据环境切换大脑的用法，就会非常痛苦。在任务型团队中，就算突然被指出自己的弱点，也不要气馁，只要冷静地回复"确实如此，那下次就这么做吧"就可以了。

● **成熟女性应该掌握的商业规则**

在女性的亲密团体中，共鸣是必不可少的。如果不与其他人共鸣，就要"冒着生命危险"被他人孤立。习惯了职场那套规则的人最好记住这一点，不然你们在PTA里一定会吃苦头的。

而在职场的团队中，则应该明白，不要期待别人的共鸣。职业女性需要意识到，自己的大脑所设定的共鸣需求比男性要高，所以要学会不因得不到共鸣，突然被否定而感到失望。

精英商务人士即使在家里也会直接指出问题，让妻子感觉很失落。回到家，对着一整天都忙着照顾孩子的妻子，上来就进行"今天做了什么吃的""就这些菜？"之类的"审问"是不行的。虽然黑川伊保子知道这只是单纯的程式化确认，但对于没读过《丈夫的说明书》的普通女性来说，是无论如何也无法接受这种交流方式的。

更不能对和你讲述"今天发生了这样的事"的妻子，直愣愣地说什么"你当时就应该这样做啊"之类的话。这完全是火上浇油。

● 21世纪，女人们的对话模式非常混乱

最近十几年来，社会发生了翻天覆地的变化。进入职场的女性人数大幅增加，不结婚的女性也越来越多，女性的人生正在变得多元化。

因此，虽然大家都是女性同胞，但不管和谁都很难产生"我懂，我懂"这样的强烈共鸣。

如今似乎经常可以听到"我很不擅长和女性聊天，也应付不来朋友的抱怨"或者"对方只是希望我能听她倾诉，结果我自作主张地提出建议，就被她讨厌了"之类的苦恼。

● 接纳情绪，冷静地告知事实

对话是"心"和"事实"双线并行的交流。

很多日本人习惯将"心"和"事实"合二为一，但在国际社会上，双线并行的交流方式才是更常见的。

例如，英语环境中的商务会话就是这种感觉：

"这很合理。不过，我觉得太冷酷了。"

"这是个崭新的想法。但是,我觉得实现它的可能性很低。"

"我非常欣赏你的干劲。但是,我对这件事有一些担心。"

"我很理解你的心情。不过,我对此有不同的看法,你想听听吗?"

这种话术的关键在于,先说"很好"或者"我明白"以表示接纳对方的情绪,然后在提出反对意见时加上主语。将对方的心情完全接纳,但事情的对错,要认真讨论。在各种民族混合的欧美社会中,这是一种被广泛使用的成熟的对话模式。

日本人基本上是单一民族,于是就这样带着将"心"和"事实"合二为一的习惯迎来了21世纪。说"NO"的时候,有着要将对方的内心也全盘否定的气势。在女性的人生日益多元化的今天,我们必须改掉这种说话方式。

● **向对方奉上自己的相同经历**

提及相同的经历有助于女性间的会话有效进行。相同的体验可以唤起最大的共鸣。通常，女性都会自然而然地在谈话时提及相同的经历。

比如，如果有人在女子会上说"上周我把腰扭伤了"，立刻就会有其他人跟着讲起"腰扭了很疼吧，我之前在阳台上把腰扭了，两个小时都动不了呢"等自己有过的类似经历作为附和。

有时，甚至有人会奉上不在现场，且现场的人也都不认识的人的类似经历以表达自己的共鸣："那很疼吧？我虽然没扭伤过，但是我那个在京都的婶婶之前扭了腰以后都哭了。她可是我认识的人里最能忍的人呢。"

某位奥组委主席因此揶揄道："女人说话太啰唆了。只顾着自说自话，根本没有重点。"但这才是女人对话中的必杀技，是在给予对方"深度共鸣反馈"。

● **通过反馈自己的经历,打开对方的心扉**

假设有一位女性店员因为店长的说教而觉得很难过,于是向同事发牢骚。

女性A:店长居然那么说我,我心里挺不是滋味的。

女性B:我明白!明明不用说得那么过分也能说明白的。我之前也被那样说过呢。

女性A:哇,那真是太过分了。

女性B:不过,有些人就是那种别人必须把话说到那份上才能听懂,又不是每个人都像你这么优秀。店长也是必须要对所有人公平对待才会那样啦。

女性A:确实,毕竟什么人都有呢。

像这样奉上"相同经历",能让对方的大脑镇静下来,变得能心平气和地听进去别人的建议。这是女性与生俱来的能力,日常生活中大家都会下意识地这样做。但如果你已经成为管理层,大脑已经转变成了男性脑,就很容易忘记这种能力。希望你们能有意识地去使用这种技巧。

● **不能使用"相同经历"的情况**

如果是对男性使用这种技巧，经常只会被他们反驳："你说的事和我说的事，严格来讲其实是不一样的。"特别是如果对长辈这样，很可能会引起对方的不快："别说得好像你多懂似的。"一定要注意。

即使都是女性，如果对方是人生经历明显远比你丰富的年长客户，也要注意。

听到50多岁的夫人说"我特别喜欢荞麦面"的时候，20多岁的女孩子千万不能轻快地回复："我也是，××荞麦面真的很好吃。"对方吃荞麦面的次数跟你相比是压倒性的多，而且为此进行的花销也是你想象不到的。

作为资深的荞麦面通，她去过安昙野的隐藏名店和出云的料亭[1],有新荞麦面上市就会立马跑去下町的荞麦面店,反之也会为了昭和时代难吃的车站荞麦面而哭泣,你这样轻描淡写地回应,人家会想你这是说什么呢。

  60多岁的女性说"最近发量变少了,很苦恼"的时候,如果30多岁满头秀发的美发师跟她说"我最近也是,发量明显变少了",只会让她很生气。一定要注意哦。

---

[1] 编注:日式酒馆。

✦ 应对方法

· 在亲密团体里，混入价值观不同的人是很危险的
· 在任务型团队中，必须与价值观不同的伙伴磨合
· 对别人说的话用"说得对"或"我明白"予以认同，然后进入正题
· 如果对方是女性，那么讲自己的类似经历会很有用
· 但上面这点对于男性和长辈，一定要多注意

问题6 如何应对"不靠谱"的人?

大脑在突发情况下使用不同思维方式的两个人,很容易互相认为对方靠不住。但那个"靠不住"的感觉,说不定只是偏见呢?

● "鸡同鸭讲"的真相

在问题2中我已经详细叙述过,大脑在突发情况下的思维方式有两种类型:"事情原委"派和"当下行动"派。前者和人对话时是共鸣型,而后者则是问题解决型。

会反刍"事情原委"的那类人,是察言观色的天才。"说起来"是他们常说的关键词,他们可以最早发现孩子健康状况的变化,最早注意到人际关系中隐藏的问题,对于新兴的服务和商品也能自在地接受。"说起来,干香菇……啊,买点回去吧,这样回去马上就能做筑前煮了。""说起来家里的番茄酱……好像快用完了，去买一瓶吧。"他们对于未来的事也会这样顺着"说起来"这个关键词去考虑，所以像家务这种琐碎的任务也能轻松完成。

在这些"事情原委"派看来，"当下行动"派是不知变通、不通情理的木头人。而这也是因为"事情原委"派自己是察言观色的天才，实际上对话的效率非常高，因为他们都是通过在对话中暗自观察了解到的事去推进对话的。而"当下行动"派却因为不擅长察言观色，无法非常顺畅地与人交流。

如果"事情原委"派的上司遇到"当下行动"派的部下，大概就会是这种场面：

上司：下周的推进会议，听说对方公司的新部长要致辞。

部下：是什么样的人呢？

上司：说起来，咱们团队里面有××大学毕业的吗?

部下：哎?为什么问这个呢?（不能好好回答问题吗！烦死了！）

上司：当然是因为新部长是××大学毕业的啊!（真是的，这孩子靠不住啊。真让人心烦。）

而如果两人都是"事情原委"派，就会是这样：

上司：下周的推进会议，听说对方公司的新部长要致辞。

部下：是什么样的人呢?

上司：说起来，咱们团队里面有××大学毕业的吗?

部下：啊，××大学啊，听说某某就是从那里毕业的。听说那个大学的校友互相联系都很紧密呢。

上司：就是啊。（这孩子真是可造之材。）

● **夫妇基本上都觉得对方"靠不住"**

"当下行动"派一旦设定好目标，大脑就会全力去追求这个目标。问出"是什么样的人呢？"的时候，已经预设了对方会回答"是××样的人"，所以对方没有按照自己的逻辑回答的话，自己大脑里的对话逻辑就被摧毁了。

因此，丈夫看到妻子穿了自己没见过的裙子，问一句"这是什么时候买的"，结果对方回答"因为很便宜就买了"，丈夫就会一下陷入混乱。丈夫指着走廊里放着的纸箱子问"这是什么"，妻子却说"这个啊，隔壁的××要搬家来着"。这时丈夫就会觉得这人怎么老是答非所问的，是不是有点傻啊。

而站在妻子的角度来看，自己话说了一半，就被对方用"然后呢？""所以到底怎么回事？"之类的质问粗暴打断，就会不由得感觉"真是的，这人真是听不懂人话啊"。

这两种类型的人在对话时，对于彼此都觉得"这个人是笨蛋吧""这个人真靠不住"。

事实上,在家庭中,女性大多是"事情原委"派,男性大多是"当下行动"派。如果大脑不是"事情原委"这一回路,女性就无法处理好家务这种没完没了的多重任务。一边洗衣服,一边做饭,一边想着"孩子的泳衣放在哪里了",一边检查蛋黄酱还剩下多少……这种事,只有"事情原委"派才能做到。而在职场中,比较常见的情况是上司是"当下行动"派,部下是"事情原委"派。

因此,这种对话的不顺畅总会让女性对丈夫和上司感到厌烦。而大多数女性都不认为在女性同胞身上也会发生这种情况,所以就会放松警惕。于是,在女性关系中,如果从对方那里得到了"当下行动"派式的回答,就会觉得很烦躁。

● **成为"大家的小妹妹"吧**

即使是女性,也有可能是"当下行动"派。

因为数量很少,所以是少数派。

这样的女性经常会在女性的亲密团体里被认定是"靠不住的人"。

不过幸运的话,也有可能成为"大家的小妹妹"。

其实,我自己就是这种类型,但我的优点就是对于忽然展开的话题不会感到烦躁。即使脑子里浮现出"哎?在说什么?""为什么现在要说这个?"之类的想法,我也不会说出来,我是能够对过山车一般飞速展开的话题乐在其中的性格。因此,我经常是面带微笑地听别人说话,听到最后也没听明白,还得问别人"所以到底是怎么回事啊?"。于是,像大姐姐一样的朋友就会帮忙给我解释"其实就是在说××啊"。

在PTA里面也是,其他人经常会主动来问我:"小黑,你听懂了吗?"她们都说"小黑是天然呆,所以也没办法啦",对我很包容。

"事情原委"派的人基本上都很温柔，她们没办法对需要操心的弱者放着不管。

　　所以，我想对意识到了自己可能是"当下行动"派的人提一点建议。跟别人说话的时候就不要急着插嘴，观察对话的走向吧。感到混乱的时候，就笑着问"什么？什么？"就好了。谈话结束时，如果还是搞不懂结论是什么，就再问别人"所以是什么意思呢？我该怎么做比较好？"来确认就可以了。

　　反之，如果对"当下行动"派女性那种固执的劲头感到反感，我也希望大家能够更宽容些去看待她们。因为这是她们的大脑在突发情况下的固定模式，她们自己也没办法。

● **不会附和他人的年轻人越来越多**

　　最近这些年，又开始出现了新的问题。

　　事实上，不同年代的人在对"共鸣反应"的看法上也存在代沟。

我们会对自己面前的人的表情和行为自然地做出反应。

对方点头的话,自己也点头作为回应;对方微笑的话,自己就报以微笑;如果对方垂头丧气,自己就跟着他垂头丧气。这种像照镜子一样做出与对方一致的行为、表情的反应,就是交流中的共鸣反应。

在依靠共鸣建立连接的女性群体中,共鸣反应无比重要。不管是谁说了什么,大家都会一边说着"嗯嗯,没错没错"来附和,一边听着。即使要反驳,也要先附和。这是女性团体内不言自明的潜规则,就算没有任何人教,只要是女性就应该都知道……

你如果还这么想的话就大错特错了,最近不懂这些的女孩子越来越多了。

因为不会附和别人,就会被人怀疑是不是没有认真听人说话。如果对方问她"你有在听我说话吗?",她还会吓一跳然后愣住。

其实她们并不是没有认真听人说话,只是共鸣反应比较弱。所以,她们完全不明白"你有在听我说话吗?"这个问题的意图,因为她们明明就在认真听。

把人问愣住后,有些上司还会更激动地质问"你到底有没有干劲儿啊?!"而她们对这个问题也是一头雾水。就是因为我有干劲,所以才会来公司,现在才会这样站在你面前的,是想让我做什么来证明我有干劲吗……这就是她们的感受。

其实,在1997年以后,全体人类的共鸣反应都在逐渐变弱。共鸣反应的程度不同催生了不同年代的人之间的代沟。

● 镜像神经元效果

产生共鸣反应的是被称为镜像神经元(镜像脑细胞)的脑神经细胞。这种细胞会把眼前人的表情和行为举止，像照镜子一样，转移到自己的神经系统中。

以广播体操为例。那些动作是什么时候记住的呢？右手这样做，然后那一节腿要这样做，我们应该都不记得自己是怎么记住这些动作的吧。广播体操的动作，都是在模仿学校老师和居委会大叔的夸张示范的过程中不知不觉学会的。

面前的人抬起胳膊，自己也抬起胳膊；对方张开腿，自己也张开腿。我们之所以能够条件反射地做到这些，完整地做出手臂抬起、上身倾斜、双腿张开等一系列动作，都是镜像神经元的功劳。

● 婴儿是依靠镜像神经元逐渐成为"人"的

镜像神经元在我们还是婴儿的时候，发挥着它最大的作用。我们是靠模仿周围人的行为和表情才逐渐成为"人"的。

婴儿靠模仿抱起自己、跟自己说话的人的发音和动作，来掌握语言能力。那个人嘴角的肌肉，舌头和嘴唇的动作，腹肌的动作，甚至胸廓的回声、气息的风压，都能直接映射到神经系统，然后婴儿开始学着说话。要掌握母语（人生最初的语言），视觉和触觉要比听觉更重要。

学会语言之后，我们会继续通过"微笑回应""挥手回应"等方式来掌握沟通能力。我们的对话能力很大程度上都是通过镜像神经元获得的。

● 镜像神经元效应在 8 岁前逐渐减弱

镜像神经元效应在婴儿身上非常明显，例如，婴儿看到圣诞树上彩灯在闪烁，嘴巴也会跟着一张一合。也就是说，婴儿会通过镜像神经元将人类以外的现象也映射到自己的神经系统，试图去理解。

如果一直这样下去，就无法好好地长成大人。一会儿被擦肩而过的人的表情所吸引，一会儿看到红绿灯闪烁也跟着张嘴，忙得不可开交。因此，镜像神经元的效果到过完3岁生日左右的时候会急速衰减。看见谁都微笑、挥手的婴儿，从那之后就不会再那样做了。

之后，大概到小脑的发育关键期（即功能发育齐全的时期），也就是到8岁时，镜像神经元的使用逐渐减少，效果持续衰减，并与小脑共同发挥作用，因为小脑是负责协调身体的。

● **缺少面对面交流的育儿改变了人类**

随着我们的成长，镜像神经元效应会逐渐减弱。就像不使用的记忆会消失一样，在大脑中，"不使用的功能"也会消失。

母亲经常和孩子进行眼神交流，一起说笑，多和孩子说话，多用手逗孩子，和孩子一起跳舞的话，孩子就能进行更多的共鸣反应，镜像神经元的功能也会最大限度地保存。

反之，如果母亲总是沉迷于玩手机，喂奶的时候也一只手拿着手机，孩子能得到的眼神交流或者一起说笑之类的共鸣反应的体验就变少了，镜像神经元的功能也随之减弱。

1997年，手机上开始有了邮件服务，"宠物蛋"这样的电子宠物游戏也开始普及。也是从这一年开始，母亲们有了喂奶的时候看手机的习惯。

不仅是喂奶的时候，和90年代前期相比，家长们看手机的时间变得越来越长。甚至有幼儿园的老师感叹道："有的妈妈来接孩子的时候，眼睛也一秒都不离开手机，就那么牵着孩子走了。万一不小心带走了别人家孩子，她们也发现不了吧？"

孩子们的娱乐也一样，越来越多的孩子不是和大家面对面一起玩，而是看着电子屏幕自己玩。在这种情况下，镜像神经元退化的现象与日俱增也并不奇怪吧。

虽然并非所有孩子都是如此，但是1997年以后出生的孩子里面，很明显能看到更多共鸣反应弱的人。

1997年出生的人从进公司开始，就会被人事部门的人说"新人的反应很淡薄"。实际上，我有个熟人的女儿就是1997年出生的，她问公司里同龄的同事"有没有人问过你有没有在听他们说话"，几乎所有人都说有过。

● **非活性型是进化后的类型**

人类已经朝着镜像神经元非活性型的方向进化了。

这种趋势任何人都无法阻止。

不过，我对此并不感到悲观。非活性型也有其优势。因为不会在意别人的表情，所以在营业活动时不容易受挫，在国际社会上进行活动时也不会显得很小家子气。

另外，非活性型的人也有非活性型的人的交流方式，他们能熟练使用社交网络进行非常顺畅的交流。人类整体都变成非活性型也一定能活得好好的，关键在于活性和非活性之间的隔阂。从活性型的角度来看，非活性型的人反应淡薄，领会不足；而从非活性型的角度来看，活性型的人附和太多，太关心别人的事，招人烦。

非活性型的人只有一点不如活性型的人，那就是因为不擅长模仿别人的举止，所以不擅长模仿前辈的做法学习如何工作。搞不懂前辈在做什么，在工作中不善于察言观色，这一点也无法否认。

这样一来，人们可能会担心工匠的技艺要如何传承，但其实无须担心。一定有在和父母的充分沟通中成长起来的孩子，只是人数会比较少而已。而且，虽然交流减少了，但从小开始学习舞蹈的孩子越来越多了吧？学习使用身体也是保存镜像神经元功能的好方法。

● "为什么不去做？"这个问题要从地球上消失了

在上述背景下，不善于察言观色的年轻人在急速增多。

会议结束后，要收拾桌上的纸杯和纸巾，还要擦桌子。以前一般都是新人来主动收拾的，但是，现在的新人只会呆呆地站在一边，不会做任何事。没办法，前辈只好自己去收拾，而他们依然只是默默地看着。这种现象正变得越来越普遍。

如果质问这些年轻人"你为什么不去做呢？"，他们只会反问"谁跟我说过需要我去做了？"如果是女孩子，还会垂头丧气地暗自思忖"明明是谁也没交代过的工作，却要因为没做而被骂"。

前辈做的事，对他们来说只是车窗外的风景一样的存在（只是映在了视网膜上，大脑并没有去感知对方正在做什么），所以不会产生要主动说"哎呀，这个得我来收拾呀"的想法。

作为前辈，或许有人会忍不住想去指责他们"为什么不去做"，但我想这句话还是从地球上消失为好。即使问他们理由，他们也没法回答。只有在他们明知故犯的情况下，这种质问和指责才能成立。

如果是活性型的人，面对这种质问就会感到惶恐，会想"我并不是故意不做的，就是不小心动作慢了"。但非活性型只会觉得"又没人告诉我要去做，真是奇怪"。所以即使说了也没用，大多数情况下这种指责只会被当作职权骚扰。

想指责他们"为什么不去做?"的时候,其实直接说"去把那个做了吧,这都是新人的工作"就行了。非活性型的人会虚心接受的。仔细想想,以前其实也没必要使用"为什么不做"这种暧昧不清的说法。说句题外话,这对丈夫也有效。别说"为什么不去做",就说"把这个做了吧(面带笑容)",就能更轻松地指使丈夫去干活。

"你有没有在听我说话?""你有没有干劲啊?""为什么不去做?"之类的话,就让它们消失吧。

● 应对方法

· 彼此说话方式不同,就会产生对方"靠不住"的感觉
· 女性的对话基本是靠共鸣来推进的
· 对反应淡薄的年轻人再烦躁也没用
· 用"去做这个吧"代替"为什么不去做"就可以了

问题7　如何应对"负能量"传播者？

有些女性，从你和她见面的那一刻起就开始说些消极的事情。

"你胖了吗？""是不是很累？""你很忙吧，还好吗？"

可能她们就是爱担心的人，但和她们见面的一瞬间就让人心情变低落了。你们知道吗，这种厌烦的感觉，意外地会让大脑的直觉变迟钝。

因此，如果身边一直有这样的女性，就很难想出好的点子，也更容易遇到麻烦。

● 消极循环

有些女性会一直陷在消极循环里出不来。

比如，有些人总是在感叹"丈夫太过分了""孩子们一点都不理解自己"。

如果你跟她说"你要多疼爱自己一点啊"，她可能就会说:"哎呀,但是老公不喜欢让我外出/但是没有足够的钱来让自己获得自由。"

"那样的话,为了赚钱去打打工怎么样?工作可以调整心情,而且还可能意外地找到自己的人生价值呢。"如果这样去引导她,她又会说"唉,但是我老公不会让我去的",然后话题又回到了最初的"真是的,不管是老公还是家里其他人都完全不能理解我,太过分了"。

完全是消极循环。

如果想把她从这种循环里拉出来而提出比如"那么,试试和你丈夫这么说如何?我就是这么说服我老公的"之类的建议,她就会说:"那是因为你老公很温柔。"

就算你说"不是的,他不是你想的那样,是我很努力才说服他的",她也只会说:"你可以,但是我不行的。"

就连我也经常会被这种消极循环绕进去出不来。

因为这是绝对的迷宫，所以我决定在这种消极循环里绕一圈之后，总结一下"人生真的不可能是一成不变的"就结束话题。如果时间差不多了，就说声"下次再见"，起身回家。如果是刚见面，就聊聊自己最近喜欢的韩剧，然后打道回府。

我之所以不加入这种消极循环，是因为我不能让自己的大脑变得迟钝，不然就写不出来稿子了。

之前提到过的那位和子妈妈，当我和她说起消极循环的话题时，她说："我不会对这样的人感到厌烦。我已经彻底摆脱了这样的人，她们和我的人生没有关系。毕竟，还有大约1亿9百万人我没见过呢。我会说句'多保重！'送她们离开。"说完，她轻轻地挥了挥手，微微一笑。

● 消极的女性，会让周围人的运势下降

人在说消极的话时，嘴角会向下。这个表情会转移到对话的对象脸上（镜像神经元效应），对方的消极脑回路也会被启动。一旦消极脑回路启动了，信号就会很容易沿着这个回路传递。

也就是说，和消极的人在一起会激活自己的消极脑回路，即使不和对方待在一起，也会变得认为世界索然无味，创意和好奇心也随之消失，思想变得贫瘠。

不过，不管是谁，都难免有陷入消极循环出不来的时候。当重要的女性朋友遇到这种时刻的时候，我也会一整晚陪着她。但是，一般人一辈子也不会有几次这种情况。

所以我在这里说的是"总是陷在这种循环里的人"。

这种人总是一见面就立刻开始说消极的话题，就像我在这一节开头讲的那样。或许我们在这个阶段，就要下定决心不再深入和她聊下去。

另外，她们还经常把好事也推向消极的方向。

"××这个人很有领导力，真不错啊。""嗯，但就是有点强势。"

"那部电影真好看啊。""就是太长了。"

这也让人无话可说。

● 从消极女子身边越快逃离越好

一见面就马上说些消极话题的人，好事也要往消极的方向说的人，陷在消极循环中不能自拔的人——

希望你们尽可能快点从以上这些人身边逃离。

如果是家人或者职场同事这种无论如何也无法彻底逃离的人，那就尽可能减少与其接触的时间。

为此，我们需要找到能让自己沉浸其中的事情。学习新事物或培养新兴趣，哪怕是"沉迷于韩剧"或"专注于重新整理房间的布局"这种也可以。这样一来，在消极女子说着"你听我说啊"靠近你的时候，你就可以说"我现在要去上舞蹈课了"或者"最近我在追一部剧，好想看后续的剧情……不好意思我先回去了！你也看看吧,就是那部叫××的韩剧",或者"一会儿我还要上在线英语会话课",然后潇洒退场。

只要自己开朗、充满好奇心地生活,消极女子就没有可依附的岛屿。慢慢地,她就会不知不觉远离你的生活了。

觉得她很可怜吗?不不不,她还会寻找其他目标,然后继续如法炮制,将其他人拉进消极循环。如果有可能让她遇到和自己同类型的人,两个人互相陷入对方的消极循环,就不会有其他受害者,那就太好了。

如果是消极的母亲、消极的婆婆,可能会说"你只是个主妇,学英语会话是要干什么?",或者用其他义正词严的话攻击你,但你不用在意。只要说"我想给孩子树立一个不管什么时候都在学习的榜样",或者"我是在为××(丈夫)的海外出差做准备"来反击就行了。

而且,其实你并不需要真的去学英语会话。你完全不用担心会在母亲或婆婆面前暴露,就算她们用英文和你搭话,你答不上来,那也只要笑着说"我还差得远呀，必须得更努力学习了"就行了。

● 找到真正的自己

可能有些人在想："这些事我做不到啊。"

如果你无法离开消极女子，是不是你给自己施加了"必须做个好人"的诅咒呢？你是不是认为，别人的烦恼，你必须温柔地倾听？

我已经在这本书中说过好多次，不要再做"好人"了。如果活在别人的评价标准里（更不用说活在"世间"这种没有实体的评价标准里），就会迷失自我，因为自我肯定感低而痛苦。不要执着于"活成一个好人"，而是要"沉迷于某件事"，这才是活出真正的人生的关键。

因为自己是个"好孩子"，所以获得了妈妈的爱——这种想法太根深蒂固的话，人就无法摆脱当一个"好人"的执念。所以，我最讨厌的育儿方式就是，好孩子（按我的话做的孩子）就表扬他，坏孩子（不按我的意思做的孩子）就批评他。

不过，在这种育儿方式下长大的人真的非常多。

如果你觉得没办法离开消极女子，就把你内心深处的"母亲"丢掉好了。这并不是让你在现实层面真的与母亲断绝关系，只是让你下定决心"不受母亲的表情和话语所影响"。

——母亲为了控制我，采取了一些错误的育儿方式。我不再害怕母亲的"失望"，不再在乎母亲的"反对"。请将这些话全部记在自己心里。

把这段文字读出声也可以。请你开始走出你自己的人生之路吧。

● 朋友可以自己选择

因为你是个"好人"，"因为你像垃圾桶一样接纳我所有的抱怨",所以我和你交朋友——这样的朋友你并不需要。

你必须找到真正的朋友,被你独特的看法、独特的语言所吸引,想和你在一起的朋友。

为此,你还是要找到让自己喜欢得不得了的东西,试着把自己的爱集中于它。现在是可以在SNS上自由发表自己独特看法的时代。一定会有人对你的话、你的视角做出反应。

而且,人不变成"一个人"的话,就不会形成"自己的语言",只成为物理层面上的"一个人"是不行的。如果没有时间远离社交网络、远离别人的想法,大脑就无法建立自己的世界观。

在探究他人想法的瞬间,大脑会发出横向的神经信号。而要想建立世界观,就必须使用纵向信号,为此,一个人发呆或一个人埋头做某件事的时间是不可或缺的。

被别人的想法牵着鼻子走,连睡前都因此而心烦意乱,那可真是浪费人生。我们必须下定决心让自己独处。

可能你会害怕独处,没办法放弃当"好人"。但是,如果不下定决心独处,你就得不到真正的朋友。

这很像游泳时使用浮板。刚学游泳的时候,我很害怕放开浮板,但只要能放手,就可以自由自在地游泳了。像放开浮板一样,放开"想做个好人的想法"吧。

以后都不要再当别人抱怨的垃圾桶了,有我在支持你。

✦ 应对方法

· 消极循环会降低运势

· 快点从消极女子身边逃走吧

· 要拥有"一个人"的时间（远离别人想法的时间）

· 不要害怕成为"一个人"

素材和部分原稿来自坂口千津

后　记

女性间的问题要怎么办才好呢？

这个问题，和自己的人生该怎么过才好有着一样的含义。

这本书的读者，想必都会对这两行文字深有感触吧。

女人会对女人感到烦躁、女性会针对女性，这都与自己内心的阴暗面相关。的确，对方也有罪过，但我们也不能否认这和自己的阴暗面有着千丝万缕的联系。

但是，这些阴暗面，正是让女性得以生存下去的重要大脑战略。所以女人的人生不走寻常路也是理所当然的。

女人活着真的很艰难。但也正因为如此，女人的人生才可爱。

在策划这本书的过程中，我的儿媳妇生下了一个漂亮得像是从《小王子》的插图里走出来的男孩。她在疫情期间的严酷条件下进行分娩，克服了难产，成为一位美丽的母亲。正是她的努力促使我动笔。

今时今日，在这个地球上，有很多女性正在努力生活着。我一边这样想着，一边开始了这本书的写作。而现在，在结束本书的内容时，我坚信各位读者能够用知性和幽默化解女人人生的复杂难题。

如果我的爱能够很好地传达给大家，那我会非常高兴。

希望今天对你来说是美好的一天。

希望明天也是美好的一天。

黑川伊保子

2022年7月

一个牵牛花盛开的早上

作者简介

黑川伊保子，1959年出生于长野县，毕业于奈良女子大学理学部物理学科。

黑川伊保子曾在富士通从事人工智能的研究开发，先后在咨询公司、民间研究所任职，于2003年创立感性研究公司，担任代表理事。作为脑功能论和人工智能研究的集大成者，她开发了语感分析法，在市场营销领域开辟了新境界，是感性分析的第一人。另外，在此过程中，黑川伊保子根据性别、年龄的不同，将大脑的性质作为研究对象，发展出了更贴近日常生活的男女脑理论，并以人工智能研究为基础，以脑科学评论员、感性分析师、随笔家等身份活跃于各个领域。著有《恋爱脑》《成熟脑》《人类说明书~给人工智能的信》《妻子的说明书》《退休夫妇的说明书》《儿子的说明书》《青春期的说明书》《恋爱的说明书》等多部著作。